CW01507148

Je n'ai pas fait exprès
d'être malade

Colleen Deconinck

Je n'ai pas fait exprès d'être malade

LE LYS BLEU
ÉDITIONS

À ma famille

Préface

Une adolescente d'à peine quatorze ans va chez son médecin pour une infection urinaire. De là, sa mère profite pour dire au docteur qu'elle est très ralentie. Elle lui prescrit une IRM cérébrale. L'adolescente ne comprend pas trop, mais passe tout de même cet examen. À partir de ce jour, toute sa vie va être bouleversée en apprenant qu'elle a une tumeur cérébrale. À partir de ce moment-là, tout va changer pour elle et pour sa famille.

Maman

On est une famille de six personnes. Mes parents, trois filles et un garçon. Quand je suis née, maman, Sylvie, avait trente-trois ans et mon papa, Gérald, avait trente-cinq ans. Lory avait neuf ans, Anthony avait dix ans et Fanny avait douze ans. Je vis une enfance très heureuse ! Je suis aimé de tout le monde, que ce soit à l'école primaire ou dans la vie je suis heureuse. Lory voulait absolument une petite sœur, elle l'a eu. Elle jouait tout le temps avec moi. À mes cinq mois, on me baptise et Anthony et Fanny, deviennent mon parrain et ma marraine.

« Pour comprendre mon histoire, il faut remonter en septembre deux mille douze. En ce vendredi vingt et un septembre deux mille douze, j'ai vu quelque chose que je n'aurais jamais dû voir.

Ce jour-là, papa commençait le travail à sept heures, il est dans le bâtiment. Je venais de me lever quand, avec maman, on a entendu le mari de la voisine hurler, pleurer, on s'est demandé ce qu'il se passait. Il se montrait toujours froid d'habitude.

Nous avons entendu du bruit dehors. Curieuses, nous avons tout de suite été dans la chambre de maman qui donne sur la rue pour voir que les pompiers, la police et le SAMU étaient là. On les vit entrer dans la maison d'à côté. Maman est descendue écouter au mur, ils sont très fins, on entend tout. Elle remonte et me dit que ça se passe au jardin, donc on a été dans ma chambre qui donne sur ce dernier.

En effet, tout le monde est présent. On voit les pompiers entrer dans le chalet. Ils ressortent tous, tête baissée. La police qui est dans le jardin a un regard triste envers le mari en train de pleurer.

Je sais pas pourquoi, mais mon regard se tourne vers le cabanon en bois de couleur bleue. Je ne sais pas si c'était le reflet de la balancelle du jardin que je voyais ou alors, la voisine, sous le drap blanc qu'on avait mis sur elle. Mais pour moi, c'est bien la voisine que j'apercevais. »

Ma vie a basculé, après ce tragique jour.

Septembre 2012

Les larmes me gagnent. Et je fonds en larmes. Maman, le remarquant un peu plus tard – mais une éternité pour moi – me prends dans ses bras, me berçant, ne comprenant pas pourquoi je pleure, sachant qu'on ne s'entendait pas du tout avec eux, nos voisins.

« Pourquoi te mets-tu dans des états pareils ? » furent ses paroles. Je ne compris pas non plus pour quoi sur le coup. Et avec le temps, je ne comprends pas pourquoi j'ai fondu en larmes pour quelqu'un que je ne connaissais pas au final.

Tout s'est enchaîné très vite après. Je me rappelle être descendue avec l'aide de maman et qu'elle m'a allongée dans le vieux canapé du salon. J'étais toujours en larmes, impossible pour moi de me calmer, j'avais toujours cette vision de cette femme qui était sous ce drap blanc. Elle avait l'âge de ma mère.

Maman est allée s'habiller et est revenue à moi, s'asseyant à mes côtés.

« Allez, c'est tout », m'avait-elle dit en me prenant dans ses bras. Mais c'était toujours impossible pour moi de me calmer.

Et pour maman, c'était impossible de me mettre au collège dans un état pareil. Elle s'est souvenue que ma plus vieille sœur, ma marraine, âgée de vingt-sept ans à l'époque, ne travaillait pas ce matin –, elle est infirmière en maison de retraite. Elle l'a appelée, lui demandant si j'peux aller chez elle, ne dévoilant rien de plus. Elle acceptait, bien évidemment, malgré qu'elle ne comprenait pas.

Arrivée à l'immeuble, l'appartement de ma sœur se trouvait au troisième étage, je pleurais toujours. Ma sœur, inquiète, me fit asseoir sur une chaise dans sa salle à manger. Elle m'aida à enlever ma veste et le petit foulard enroulé autour du cou.

« Que se passe-t-il, Colleen ? Pourquoi tu pleures comme ça, bon sang ? étaient les paroles inquiètes de marraine.
— La voisine s'est pendue, elle l'a vu, je crois, avait répondu maman. »

Me calmant, je les regardais toutes les deux et je sortis mon premier mot depuis le début de mes pleurs :

« Oui. »

Elles se regardaient. Tout à coup, mon téléphone portable sonnait. Je regardais qui était celui qui m'appelait et je vis ma sœur, Lory – On est quatre enfants, trois filles et un garçon. Je répondis pour savoir ce qu'elle voulait.

« Bonjour ! Je ne te réveille pas, j'espère ?
— Je suis chez marraine, avais-je dit en reniflant.
— Chez marraine ? Qu'est-ce qui se passe ? »

Je fondis en larmes, je n'ai pas su répondre, marraine a dû me prendre mon téléphone et raconter ce qu'elle savait.

Maman dit à marraine qu'elle va appeler l'école pour informer mon absence du jour, en s'éloignant afin de mieux entendre.

Marraine s'asseye à mes côtés, me regardant, me posant multitudes de questions auxquelles, je ne répondais pas. J'étais là, sans être là, mon regard était dans le vide.

Maman revint vers nous, disant qu'elle doit aller travailler. Elle est aide à domicile. Il devait être huit heures ce jour-là. Elle partit, nous laissant seuls avec mon neveu, âgé d'à peine quatre mois, endormi dans sa chambre. Ma sœur m'emmena dans le canapé avec un verre de jus d'orange.

« Tu veux en parler ? » Je secouais négativement ma tête, regardant la télévision. « Tu sais, il faudra en parler un jour. » Je hochais la tête. Il faudra en parler. Un jour. Pas maintenant. Pas en ce jour si affreux pour moi en tout cas.

***

À midi, j'étais toujours chez Marraine, et j'étais toujours dans le canapé avec mon neveu dans les bras. Elle faisait à manger. Le père de Dorian – mon neveu – rentra du travail et fut surpris de me voir.

« Tu n'es pas en cours ? » fut la question de Jonathan, qu'on appelle le plus souvent Jo – mon beau-frère. Je secouais la tête négativement.

« Non, elle… Je t'expliquerais plus tard », lui déclara marraine. Je compris qu'elle lui expliquerait quand je ne serais plus là.

« Tu peux lui dire », dis-je en me levant du canapé avec Dorian, toujours dans mes bras.

Je le déposais dans son transat et vais m'asseoir devant mon assiette que marraine est en train de remplir, pendant qu'elle raconte en gros les évènements de ce matin.

Jonathan me regardait avec tristesse avant de s'asseoir avec son fils dans ses bras.

« Chaud ! Et ça va maintenant ? » me demanda-t-il. Pour réponse, je haussais les épaules, en mangeant mes pâtes à la sauce tomate.

Je n'avais pas beaucoup parlé depuis ce matin. Mon visage était fermé et triste. Pensant aux images affreuses depuis ce drame. Ce vendredi 21 septembre 2012 restera gravé à tout jamais dans ma mémoire.

L'après-midi, marraine travaille donc, elle ne put me garder. Elle a appelé Lory et elle ne travaille pas l'après-midi, elle est pompiste. Arrivée chez elle, elle me propose de me changer les idées ; regarder la télé et faire du scrapbooking.

On a commencé donc à faire cette activité. Pour vraiment me changer les idées, elle m'avait imprimé une photo de mon idole, Justin Bieber. Mais j'étais ailleurs, toujours dans mes pensées.

« Parfois, j'ai l'impression qu'on est des pions. Si on veut plus de toi, hop ! on t'enlève du jeu ! » m'avait dit Lory, un peu gaffeuse et pipelette sur les bords. Je l'ai regardé et j'avais répondu un simple « oui ». Elle avait raison, on est que des pions, dès qu'on te veut plus dans la vie, on t'enlève, on te jette à la poubelle.

Le week-end passe et je commence à aller mieux. Enfin, je commence à vivre avec. Mais des maux de tête me viennent. Bon, on va dire que c'est les conséquences de la mort de la voisine.

Le lundi, je retourne en cours ; je suis en Belgique. Donc toutes les classes sont inversées.

Je vais vers mon ami, David, et ne parle pas de ça. Malgré ce qui l'intéresse c'est le pourquoi je n'étais pas là du vendredi.

« Oh ! un petit rhume… »

Je ne voulais en parler à personne. Bien sûr, la directrice vient me voir et me demande de rentrer dans le bureau. Pour une élève qui n'avait d'histoires avec personne, c'était plutôt bizarre de rentrer dans le bureau de la directrice. Elle m'invite à m'y asseoir.

« Merci.
— Alors ? Ça va ? »

J'avais oublié. La directrice est au courant. Oui, dans tout ce chahut, maman avait prévenu la directrice, Mme Pascale. Je ne sais pas pourquoi, les larmes me montent aux yeux. En même temps, j'avais pleuré tout le week-end. J'étais restée prostrée dans ma chambre à me morfondre.

« Oui, merci.

— T'es sûre ?

— Oui. Je peux y aller maintenant ?

— Bien sûr, si tu as besoin, n'hésite pas. »

Je la remercie et repars dans la cour de récréation. De la cour, on peut voir le bureau de Mme Pascale. David, surpris, me demande ce qu'elle me voulait.

« Oh ! elle voulait des explications de vendredi. Rien de plus.

— Elle n'a pas prévenu ta mère ?

— Non, exceptionnellement, elle ne l'a pas fait. »

Puis je mentis pour le fait que je me sois rendue dans le bureau de la directrice et que je m'y sois assise.

« Elle était vraiment de mauvaise humeur, alors elle m'a fait rentrer dans le bureau.

— Et ton mot d'absence ? Je n'ai pas vu qu'elle le retirait. »

Il commençait à m'énerver. Vraiment.

Heureusement, la surveillante arrive en voiture. Elle a une Kangoo verte. Je l'adore cette femme. Dès qu'elle sortit de sa voiture, David alla la voir.

« Mme Jenny, j'ai un problème.

— Comme toujours, David, comme toujours… »

Bref, une journée plutôt bien si on oublie mon malheur.

Octobre 2012

Plus les jours passaient, plus j'avais mal à la tête. Mais plus les journées passaient, plus j'étais fatiguée. Je le dis à ma mère sans pour autant vouloir aller absolument chez le médecin. Mais maman s'en inquiète au bout de la énième fois que je lui dis.

Une fois rentrée dans la voiture à la fin des cours, je m'attache dans la voiture et maman me regarde.

« Tu as rendez-vous chez le médecin demain. »
— Pourquoi ?
— Ton infection urinaire.

***

« Colleen? Allons-y !
— Oui. »

Le cabinet était dans la même ville où j'habitais. Arrivée dans la salle d'attente, on attendit quelques minutes avec maman.

« Qu'est-ce qu'elle va dire ?
— Je ne sais pas, elle te le dira.
— Je suis là ! dit mon médecin. Alors que se passe-t-il ?
— En ce moment, Colleen a une infection urinaire.
— T'as l'air bien pâlotte.
— Eh bien, elle a fort mal à la tête et est très fatiguée.
— Ce n'est pas la première fois que vous me dites ça.

— Oui. Mais surtout au ralenti.

— Je vais l'examiner. Tu viens, Colleen ? »

Oui, j'étais très timide à l'époque. Maman parlait toujours pour moi.

Une fois que l'examen fut fini, le médecin se rassit à son bureau, tandis que moi je me rasseyais à côté de ma mère.

« Bon ! Je vais te prescrire des paracétamols ainsi que des vitamines. J'aimerais bien que tu passes aussi un scanner.

— D'accord.

— Après, c'est peut-être l'hypophyse qui est mal placée, etc. »

Elle fait les ordonnances et puis on va jusqu'à la pharmacie. Là encore, je ne parle pas. Beaucoup diront que c'est depuis ma fatigue, d'autres diront que c'est depuis le suicide de ma voisine. Parce que oui, c'est un suicide. Pour moi, ça n'avait pas de mot. C'était juste une voisine qui est morte.

Puis en rentrant à la maison, je me demandais quelque chose ; c'est quoi un scanner ?

« Oh ! c'est une machine, tu n'y restes pas longtemps, ne t'inquiète pas. Grâce à ce truc, ils vont voir ce qui se passe dans une partie de ton corps. »

Silencieusement, je hochais la tête. À l'époque, je me suis dit que j'aurais vraiment tout fait dans ma vie, tous les examens médicaux possibles. Mais finalement, maintenant, je me dis que je n'étais qu'à mes débuts, j'étais bien contente avant mes quatorze ans.

Novembre 2012

Pour finir, maman est allée prendre rendez-vous pour moi dans un cabinet de radiologie. Elle demande un scanner cérébral pour une jeune fille de quatorze ans, j'allais avoir quinze ans le vingt-sept décembre. Seulement, la secrétaire change pour le mettre en IRM. *Imagerie par Résonance Magnétique.* Je l'ai tellement lu dans ma vie, en 2023, que je sais ce que veulent dire ces lettres-là.

En novembre, un mercredi, je fis cet examen à l'hôpital, dans la salle d'attente prévue pour l'IRM, je demandais à ma mère ce que c'était.

« C'est quoi en fait une IRM ?

— C'est un examen, t'as ton produit ?

— Oui.

— OK. Pendant l'examen, ils vont t'injecter un produit. Tu vas avoir l'impression de faire pipi. Bref, il dure un peu plus longtemps que le scanner, trente minutes.

— Ah oui !

— Mais t'inquiète pas, ça va aller ! »

Elle me sourit. Mais pas comme d'habitude, avec un air inquiet. Puis tout d'un coup, on m'appelle. J'y vais et je suis l'infirmier. Il ouvre une porte et je vois un fauteuil avec un accoudoir, un lavabo, etc., me sourit et m'invite à m'installer.

« Alors, ça va ?

— Ça va, oui.

— Tu sais ce qu'est une IRM ?

— Ma mère m'a expliqué, oui.

— OK. On va t'injecter un produit, mais pour ça, il faut que tu me donnes ton bras. »

Je prépare mon bras, pas très rassurée. En même temps, à l'époque, quand je n'étais pas à côté de maman, je n'osais rien faire.

« Stressée ? »

Silencieusement, je hochais la tête.

Il me sourit et me regarde pour me confirmer la venue de l'aiguille dans ma peau. Je hoche doucement la tête. Quelques minutes plus tard, j'arpentais le couloir pour aller jusqu'à l'examen prévu. J'entrais dans ce tunnel où t'es couchée et où il ne faut pas bouger. Au bout de dix-quinze minutes, ils viennent t'injecter ce fameux produit. Ensuite, on y reste une bonne dizaine de minutes. Puis tu t'en vas, t'attends qu'on t'enlève l'aiguille, et tu vas voir le médecin. Voilà, fini !

Sauf que cette fois-là, ça ne s'est pas passé comme ça.

Après les vingt-cinq, trente minutes, je m'assois et me relève de cet examen. On va m'enlever l'aiguille et l'infirmier me dit tout de suite qu'il va appeler ma mère. Innocente, j'acquiesce. Je vais attendre dans la salle réservée aux familles. J'attends maman. Je pense que, vu que je suis mineure, on est obligé d'être accompagné de ses parents. En soupirant bruyamment, j'entends ma mère entrer.

« Alors ? Pas de pipi ? »

Souriante comme jamais, je ris. Oui. Je ris. Pour la première fois depuis le suicide de ma voisine, je ris. Et je secoue la tête.

D'un coup, le radiologue rentre et on dit bonjour, toutes les deux, au médecin.

C'était la première fois que je le voyais et il avait l'air sérieux. Très sérieux.

« Bonjour. Je ne vais pas y aller par quatre chemins. »

Il s'assit sur la table puis nous montre un cliché. On voit une tête et un cerveau. Ma tête, mon cerveau.

« Il y a une tache blanche côté frontal. »

Silence. Là, nos rires avaient fait place au silence. Je ne comprends pas. Qu'est-ce qu'il se passe ?

« Il faut passer voir un neurologue. Au CHR. Pas tout de suite, je vous demande pas de vous alarmer. Mais allez-y, s'il vous plaît. »

De marbre, on se levait pour partir. Moi je ne comprenais pas du tout ce qui se passait. C'est quoi cette tache blanche ? Qu'est-ce qu'elle fout là ?

« Maman, il se passe quoi ?

— Ça va aller ma poule. Tu vas voir. »

Elle me sourit. OK, si maman sourit c'est que ça va aller. Je lui souris. On va mettre la voiture au garage et en silence, on rentre à la maison. Je vois mon père dans la salle à manger, que j'embrasse puis monte dans ma chambre. Je mets mon CD du moment, mon chanteur préféré ; Justin Bieber. Doucement, je souffle.

J'ouvre la porte et écoute :

— Alors ? Qu'est-ce qu'elle a ?
— C'est compliqué.
— Ah ?
— Elle a une tache blanche sur le côté frontal de...

Je fermais la porte et soufflais une seconde fois.

Le lendemain matin, maman prend rendez-vous avec le médecin. Je dois y aller le vendredi. Ce jour-là, papa vient avec nous. On est tous les trois réunis. Maman montre l'IRM à la doctoresse et sa tête change.

« OK, je vais vous donner plusieurs noms de chirurgien, et vous appellerez d'accord ?

— Vous ne savez pas ce que c'est ? demande papa.

— Je ne peux pas vous dire. Ça peut être plusieurs choses, vraiment. Là, on peut enlever l'hypophyse. C'est plus au milieu, il n'y a rien au centre donc c'est une bonne chose ! »

Décembre 2012

Mes parents ont pris rendez-vous avec le premier chirurgien que le médecin a noté sur une liste.

Actuellement, nous sommes dans la salle d'attente de l'hôpital Roger Salengro (CHR) de Lille. On attend un certain Professeur Vinchon. C'est un neurochirurgien. Vous avez mes parents, côte à côte, en train de stresser. Pourquoi ? Je ne sais pas. C'est sûr, on est à l'hôpital pour moi, c'est vrai, mais pourquoi je suis là ? Ça doit pas être si grave que ça, si ?

La salle d'attente est en pédiatrie. C'est-à-dire, qu'il y a des blouses roses pour les plus petits. C'est mignon, je trouve. Il y a énormément de jouets, c'est bien. Les secrétaires sont les plus gentilles. Ce que je découvre par la suite, bien sûr. Autrement, un hôpital ne devrait avoir un service pédiatrique que pour les blessures pas graves.

Puis nous voyons un monsieur sortir de son bureau pour aller vers les secrétaires. Tout de suite après, des parents le suivent, tête baissée. Il explique certaines choses aux secrétaires puis prend une pochette marron.

« Colleen Deconinck? »

Puis il s'en va en direction de son bureau. Avec mes parents, on se regarde, et on se décide à le suivre. Le professeur s'arrête à la porte et nous y invite à entrer. On le remercie, et nous nous asseyions sur des chaises.

Nous sommes tous les trois timides.

« Vous avez les images s'il vous plaît ?

— Oui ! » dit maman en donnant les clichés de l'IRM. Vinchon la remercie de façon froide et prends les images du CD et les met sur son PC puis il regarde avec attention chaque image. Puis cinq minutes plus tard, il nous regarde enfin.

« Bon. Je vais voir avec mon équipe. On va voir ce qu'est cette tache blanche. Merci pour les images. »

Plus froid que ça, tu meurs ! Il est grand, avec les cheveux poivre et sel, tout le temps la tête baissée et les mains derrière son dos.

« On se donne rendez-vous la semaine prochaine ? Mercredi ? »

Mes parents hochent tous les deux la tête avant de se lever ainsi que moi et nous quittons le bureau. Le chirurgien nous accompagne jusqu'aux secrétaires et leur demande un rendez-vous pour le mercredi d'après. Il nous dit au revoir et s'en va avec une nouvelle pochette marron.

« Il est rigolo, lui, un mercredi, comme-ci on a encore de la place. »

On rit toutes les deux, maman et moi. La secrétaire qui vient de dire ça, nous regarde et sourit.

« Bon, mercredi, 11 h 30 ?

— Oui, merci.

— Je vous en prie, bonne journée, bon courage. »

Tous les trois, on la remercie, puis retournons à la voiture. Moi, je ne parlais pas. Je me demandais encore pourquoi il doit revoir ces clichés avec son équipe ? Équipe de quoi ? De médecin ?

« On va manger McDo ? »

Avec maman, on regardait papa. Papa propose un fast-food ? Impossible. Il est toujours sur son argent. Maman fronce les sourcils et sourit. Elle ne sourit pas de joie, ni de tendresse, mais de… Je ne sais pas, on dirait qu'elle sourit tristement.

« Allez, c'est parti ! »

Je regardais mes parents, complètement perdue. Papa qui a peur, à chaque fois, d'être dans la misère à chaque fin de mois, et maman qui sourit bizarrement, c'est étrange.

***

Le lendemain, en récréation, j'étais à moitié couchée sur une amie. Une surveillante, Mme Sandrine, vient me voir. Je l'avais l'année passée, en art plastique, elle m'appelait *Gaston Lagaf'* tellement je faisais des bêtises. Elle m'adore et je l'adore.

« Ça ne va pas ? »

Je secoue la tête doucement en ajoutant que, j'ai fait une IRM, qu'une tache blanche était présente, que je suis allée voir un chirurgien, etc.

« Oh la la ! Courage en tout cas !
— Merci. »

Merci. Pourquoi je dis merci au juste ? Tout simplement parce qu'on m'a bien élevé ? Ou tout simplement, parce que je savais ce qui se passait au fond de moi ? Et puis qu'est-ce que je savais ? Pour moi, c'est un simple rhume ou une grippe. C'est tout.

***

Mercredi. On y est ! On va enfin savoir ce que c'est cette tache blanche ! Actuellement, dans la voiture, mon père me propose d'écouter Justin Bieber. Chose bizarre, d'habitude, il met plus son chanteur à lui, Michael Jackson, ou bien une radio locale. Bien évidemment, j'accepte. Je vais voir mon chanteur préféré en mars pour la première fois, j'ai tellement hâte !

Une fois garés, nous rentrons dans l'hôpital puis direction au premier étage. Nous cherchons la neurologie pédiatrique et allons dans la salle d'attente. Ici, les parents sont tous sympas. En même temps, leurs enfants ne sont pas bien, alors forcément, ils n'ont pas d'autres choix.

On va voir la secrétaire, annoncer notre venue. On s'y assoit et le retard commence à se faire sentir. Nous, on était là à onze heures, le rendez-vous était à onze heures trente. On laisse passer. Pour finir, nous passons à treize heures. Deux heures à se demander ce qu'est cette tache blanche. C'est affreux pour des parents. Moi, j'étais contente, je loupais des cours pendant cette période. D'un coup, on entendit une porte s'ouvrir puis on découvrit Professeur Vinchon. Comme la dernière fois, il partit tête baissée, mains dans le dos jusqu'au bureau des secrétaires. Il prit la même pochette marron que mercredi dernier et m'appela. Avec mes parents, on se lève, et on va dans son bureau de neurochirurgien. On s'installe et il commença son discours.

« Alors, on a bien discuté avec mon équipe… »

Mais de quelle équipe parle-t-il ?

« … Une tumeur… »

C'est quoi une tumeur ? Parce que moi, je me souviens, quand j'étais petite, on disait que si on avait une tumeur, on mourrait. Je vais mourir ? Non, ce n'est pas possible.

« … Opérée début janvier… »

Quoi ? Opérée ?

« … Biopsie… »

De quoi ? Je ne comprenais rien de tout ce blabla ! J'étais perdue, je n'avais que quatorze ans, quinze dans quinze jours.

« T'en penses quoi ma poule ? demande ma mère.
— Oui. »

J'avais honte. Honte de ne rien comprendre.

« Mais j'ai une question ?
— Oui ?
— J'ai un concert en mars ? Je peux y aller ou pas ?
— Concert que tu fais ou que tu vas voir ?
— Non, un concert que je vais voir.
— Pour l'instant, je te dirais oui, mais on va attendre la biopsie.
— OK.

— Si possible, on laisse passer les fêtes, s'il vous plaît ? demandèrent mes parents.

— Oui, mais il faut faire vite. »

À l'aide de l'agenda du chirurgien, il réserva une date. Le 7 janvier 2013. Je dois passer une biopsie. Mais qu'est-ce qu'une biopsie ?

« OK, donc je t'explique, tu vas être endormie, mais pas totalement. On va te mettre une sorte d'hélicoptère sur ta tête. On dirait Robot Cop. Tu vas voir, c'est assez marrant. »

Je me demandais surtout qui était Robot Cop. Je n'ai que quatorze les gars, je vous rappelle !

***

« Bon ! » s'exprima ma mère. On rentra tout doucement, mes parents font une sieste. Moi, pendant ce temps, je lis des histoires sur Justin Bieber. J'adore faire ça. Puis ma mère se réveille, puis mon père. Je sens ma mère pleurer.

J'ai honte encore une fois. Honte de faire pleurer ma mère. Le pire ? Je ne sais même pas ce j'ai. Une tumeur ? Ce n'est pas grave, si ?

***

Ma sœur, Lory, a toujours voulu avoir une petite sœur. Bien sûr, je suis arrivée et on passait notre temps ensemble. Jusqu'à ce qu'elle rencontre mon beau-frère, David. Là, on s'est déchiré. J'étais jalouse de lui, jalouse qu'il passe autant de temps avec

32

elle. Lory est partie de la maison afin de vivre son indépendance. On a continué à rester fort ensemble. Mais depuis qu'elle sait que j'ai une tache blanche, on est de plus en plus proches. Je veux dire, beaucoup plus qu'avant.

D'un coup, je l'entendis m'envoyer un message sur internet.

« Coucou ! Comment ça va ?

— Ça va et toi ?

— Ça va… T'es sûr que ça va ?

— T'es au courant ?

— Maman m'en a parlé, oui…

— OK.

— Moi, ce que je veux savoir c'est si tout va bien ? Tu peux me parler, tu sais !

— Ça va. Il y a des choses que je ne comprends pas trop, mais ça va.

— Je comprends. »

Comment peut-elle comprendre des choses que moi-même je ne comprends pas ?

Le lendemain, je vais en cours. Maman vient avec moi afin d'annoncer à la directrice la fameuse *« tumeur »* qui vient m'assaillir. Madame Pascale commence à me parler :

« Bah alors Colleen ! »

Bah alors quoi ? Je ne comprends rien. Pour moi, ce n'est pas si grave que ça. C'est peut-être un genre de rhume ou une sorte de grippe, non ? D'ailleurs pourquoi je suis en cours ? Je suis malade ! Non ? Pas assez, au goût des autres.

Ils continuent de parler, puis vint les « *à tout à l'heure* » de maman.

« À tout à l'heure, je t'aime !
— Moi aussi, je t'aime ! »

On sort toutes les deux du bâtiment. Quand ma mère fait pour sortir de la cour, on oublie de se saluer de la main. Au même moment, Steacy, une de mes amies rentre dans l'école. On se fait la bise et comme toutes filles, je lui raconte ce qui se passe. Cette fille est gothique et a l'habitude de s'habiller en noir.

« Wouah ! Colleen… En tout cas, si t'as besoin de quoi que ce soit, surtout, n'hésite pas !
— Merci.
— Et je voulais te demander ; au cas où si tu meurs, demande à tes parents de m'inviter à l'enterrement. »

Quoi ? Pardon ? C'est si grave que ça alors ?

« Ok. »

Oh… Non, je n'avais pas besoin de ça comme remarque. Les maladies que je connais, dont on meurt, c'est les cancers. J'ai un cancer alors ?

Quand on avance pour parler d'autres choses, je regarde par la fenêtre tous les professeurs me regardait. J'ai une tâche sur la figure ou quoi ? Puis vint le moment où ça sonne. On se range par classe, à la queue leu leu. La professeure de sport arrive et je commence à lui expliquer :

« Madame, je ne peux pas faire sport en ce –

— Oui, Mme Pascale nous a tout expliqué à nous tous, tes professeurs, me coupe-t-elle. Je te dispense, mais la prochaine fois, il faut me ramener un certificat médical, d'accord ? »

Et puis elle me sourit. Cette professeure qui ne sourit jamais, qui montre qu'elle n'est jamais contente, me sourit !

***

À quinze heures trente, la fin des cours arrive. Je ne souriais pas, je n'étais pas dans mon assiette à cause de ce que Steacy m'avait dit. J'entrai dans la voiture et fis un bisou à ma mère.

« Ça va ma poule ? me demande maman.
— Oui, ça va. »

Arrivée à la maison, je commençais à prendre mon goûter dans la cuisine. Quand je lui dis ce que cette fille m'avait raconté.

« Oh maman ?
— Oui ?
— Si je meurs, il faudra prévenir mes amis pour l'enterrement.
— Quoi ? »

Maman faisait la vaisselle. Je pense qu'elle allait tomber si elle ne s'était pas retenue. Elle est devenue blanche comme un linge de maison. J'ai dit une connerie ?

« Qui t'a dit ça ?
— Steacy.
— Mais elle est con cette fille ou quoi ! criait-elle.
— Je vais mourir ? » demandai-je en baissant la tête. Je ne voulais pas mourir, je voulais continuer à faire des conneries

comme chaque ado de mon âge. Maman vint me serrer dans ses bras. Moi, je pleurais en silence.

« Tu ne vas pas mourir ! Au contraire, tu vas vivre ta vie d'ado tout à fait normalement ! OK ? Tu vas être opérée, c'est sûr et tu redoubleras sûrement, mais ce n'est pas grave ! OK ? Tout va être comme avant ! N'écoute pas ses conneries à cette fille, d'accord ? »

Doucement, je hochais la tête en reniflant et en essuyant mes larmes.

« T'occupe pas d'elle, surtout, d'accord ? »

Janvier 2013

En Belgique, on a des examens en décembre et en mai pour savoir si on passe en classe supérieure ou pas. En décembre, j'avais réussi mes examens ! J'étais si fière de moi !

Du mercredi cinq, j'avais sciences avec Mme Lydie. Du jeudi six, je rentrais à l'hôpital pour faire ma biopsie. Avec mon ami David, gay, on rigolait. Tellement on rigolait, on était les derniers de la classe. Heureusement, c'était l'heure de la récréation.

Quand je fus prête à partir de la salle, Mme Lydie m'appelle.

« Oui ?
— C'est demain que tu pars à l'hôpital ?
— Oui ! »

Je l'avais mieux pris que l'année passée. Après j'ai fêté un Noël et un anniversaire merveilleux ! Donc je pouvais plus faire la tête.

« D'accord, courage en tout cas !
— Merci. Mais je reviens vendredi de toute façon.
— … Au revoir Colleen.
— Au revoir ! À vendredi ! »

Si j'avais su… Je suis partie du mercredi et on m'a plus vu jusqu'au mois d'après, c'est-à-dire, février. Je pense que Mme Lydie était au courant qu'on re sortait pas d'une biopsie comme ça.

À l'heure de midi, la cloche retentissait. J'étais contente d'avoir une journée de repos même si j'allais morfler.

Du jeudi, mon frère était avec moi. On a dix ans d'écart, il avait vingt-cinq ans à l'époque. C'est mon parrain. À Noël 2012, il m'a offert une paire de chaussures, les Air Jordan. Le symbole où il y a un basketteur. Il tient énormément à moi. Je le sais, car il m'a prêté sa casquette à laquelle il tient tant !

C'était dans l'après-midi qu'on devait partir. J'étais toute contente que mon frère soit là. Puis vint l'heure de partir. Une petite boule toute riquiqui fit son entrée dans mon estomac. J'étais stressée, mais j'étais rassurée par la présence de mes parents et de mon frère.

Arrivés là-bas, à Lille, au CHR, au deuxième étage, cette fois, pour la pédiatrie. Là, on prend l'ascenseur, et à peine sortis, on retrouve un secrétariat. On me demande mon nom, prénom, carte vitale, etc. On me conduit ensuite jusqu'à ma chambre. Là, je me rends vraiment compte que oui, je vais être hospitalisée. Non, je ne reviendrais pas en cours demain, oui Mme Lydie avait raison.

« Une infirmière viendra te donner ton bracelet de chambre, prendra ta tension, ta température, etc. D'accord ?

— D'accord, merci. »

Elle nous sourit puis s'en va retourner à son travail de secrétaire. Là, d'un coup, une infirmière assez costaud vient nous voir.

« Bonjour ! Je suis Sandra, je viens te donner ton bracelet. Tu peux te coucher, je vais prendre ta tension et ta température.

— Oui, d'accord. »

Je me couchais timidement. Elle prit ce qu'elle devait prendre, puis je me remis debout tout de suite.

« Bon ! Je vous laisse tranquille, il y a ma collègue qui va venir proposer un goûter. Tu pourras en prendre un, d'accord ?

— Merci. »

Elle regarda ensuite mes parents, puis mon frère, mais ses yeux revinrent sur mes parents.

« Vous voulez un café ?

— Oh pourquoi pas ? dit maman.

— Je vais prévenir Béatrice, blouse rose ! »

Et elle partit enfin. Mon père s'installa sur le fauteuil pendant que ma mère débarrassait ma valise pour tout mettre dans le placard.

J'étais debout, je ne savais pas quoi faire. Mon frère, Anthony, prit son téléphone et vint me dire de poser avec lui. On souriait, on se faisait des grimaces. Plein de poses jusqu'à ce que l'aide-soignante vienne, accompagnée de la blouse rose.

« Bonjour ! Marina, aide-soignante !

— Et Béatrice, blouse rose !

— Bonjour.

— Un goûter, mademoiselle ? me demande Marina.

— Euh… Oui, s'il vous plaît.

— Je te laisse choisir.

— Merci.

— Quant à moi, je suis là pour les cafés ! Qui en veut ?

— Moi. »

Maman, papa et parrain leur dirent en même temps, ce qui nous fit rire.

Au soir, les trois qui m'accompagnaient finirent par partir. Et là, une plus grosse boule se forma dans mon estomac. Je décide d'appeler marraine, ma sœur la plus âgée, Fanny.

« Allô ?

— Coucou… »

Puis je me mise à pleurer à chaudes larmes. Je m'en rendis compte que cette nuit, non je n'allais pas dormir dans mon lit, mais dans un lit d'hôpital. Un lit dans lequel je n'ai jamais dormi. Premier séjour à l'hôpital et ça me fait peur. Puis les mots de Stacy me reviennent en mémoire.

« Calme-toi, poule.

— J'y arrive pas. »

Au plus, marraine me disait des mots, au plus je me calmais.

***

Le matin, je me réveille de force, à six heures trente. En effet, l'aide-soignante vint me réveiller en ouvrant la fenêtre.

— Allez, debout !

Difficilement, je me lève et m'assois, toujours sous la couette.

— Alors, je te prépare tes vêtements, d'accord ? Il faut se laver, mais surtout avec la Bétadine ! Allez, à tout à l'heure !

Doucement, je me lève et vais vers les vêtements qu'elle m'avait prévus. En fait, c'est une chemise longue, avec des chaussons et une charlotte. Super…

Je vais dans le couloir et vais me mettre sous la douche qui se trouve tout au bout. Commençant à bâiller, je me déshabille et prends ma douche. Je reviens « habillée » et là mes parents sont présents.

On met les barrières à mon lit et j'attends une heure. Au bout d'une heure et demie, on vint me chercher, deux brancardiers assez costauds.

— Tu t'appelles bien Colleen Deconinck et tu es née le vingt-sept décembre mille neuf cent quatre-vingt-dix-sept ? me questionne un brancardier.

— Euh… Oui. C'est ça.

— Très bien, on t'emmène ! me dit l'autre brancardier.

— On peut venir avec vous ? demande ma mère.

— Oui, bien sûr !

Les deux brancardiers prirent chacun un bout du lit et on y allait. Où ? En salle d'opération afin de faire ma biopsie. Arrivé avant le couloir des salles d'opération, on dit à maman et papa que c'est l'heure de me dire *« à tout à l'heure »*.

Ils me firent un bisou et je partis dans le couloir pour attendre, encore une fois.

Je ne peux pas dire combien de temps j'ai attendu, je n'ai pas de montre avec moi, on me l'a interdit. Bref, j'attends longtemps, mi-assise, mi-couchée. J'attends, j'attends et j'attends encore. Jusqu'à ce qu'un interne vienne me chercher.

— Prête ?

— Oui.

Pas du tout, j'ai envie de dire, mais timide comme je suis, je dis « oui ».

À partir de là, on me met sur un brancard, j'avais froid. Là, on m'emmène en salle d'opération. On me pose une perf. Doucement, on m'explique qu'on va m'endormir, mais localement. Là, ce fut la peur. D'après ce que j'ai compris, ils vont me poser un « *hélicoptère* » sur ma tête, tout en étant moitié éveillée ? OK, là j'ai peur.

Une fois endormie, localement, je commence à voir des petits lapins roses dans un jardin où les fleurs poussent très haut. Je divague, on va dire, sous l'effet de l'anesthésie.

J'entends percer dans ma tête comme une perceuse, c'est assez bizarre.

Ensuite, je me souviens être sorti de la salle d'opération avec un bandage sur la tête. Avant d'aller en salle de réveil, on m'a remise dans mon lit. Dans cette fameuse salle de réveil, je reste une bonne heure où mes parents, qui attendait dans la salle d'attente, pensant me voir sortir rapidement.

Au bout d'un certain temps, je sortis de la salle d'éveil et j'ai vu mes parents m'attendre. Là, je souris, heureuse de voir quelqu'un que je connais. Doucement, on m'emmène en chambre et là, je me repose.

À partir de ce moment, je devais dormir, avec mon « *hélicoptère* ». Ce ne fut pas la joie.

Un ou deux jours plus tard, une infirmière décide de me laver les cheveux, elle enlève mon bandage et je pus enfin voir ce truc dans le miroir, face à moi. En fait, c'est une espèce de cylindre noire qu'on m'a vissé sur la tête. C'est assez bizarre. On m'a rasé quelques cheveux sur le dessus de mon crâne. Mais ça se voit très peu.

Du mercredi, je vois les clowns rentrer dans ma chambre. J'étais avec maman, papa et Lory. Je m'en souviendrais toute ma vie de ces clowns. Il y avait un homme et une femme. J'adorais Justin Bieber et Selena Gomez, et ma maman et ma sœur se sont éclatées à accrocher des posters des deux idoles dans ma chambre d'hôpital. Alors pour eux Selena Gomez est en fait Selena Gomette ! Ça m'a fait très rire.

Au bout d'une semaine, je rentre chez moi sans « *hélicoptère* », mais avec un bandage pour protéger ma cicatrice. Je retrouve mes animaux, mes amours de chiens, Skippy, un yorkshire et Kikers, un bichon maltais.

Le lendemain, ma sœur, Lory, est venue me garder, comme si je ne savais pas me garder seule, c'est un peu ridicule. Mais à l'époque, je ne savais pas le danger d'être seule.

Vers onze heures, un coup de téléphone surgit, je réponds et là, l'interlocuteur était professeur Vinchon. Lui, pensant parler à ma mère.

— Allô ? Professeur Vinchon à l'appareil.
— Oui ?
— Juste pour vous dire que Colleen sera opérée le 29 janvier. Donc vous devez être à l'hôpital le 28 janvier.
— D'accord, merci.
— Au revoir.
— Au revoir.

À peine raccroché, maman rentre du boulot. Je lui dis alors, devant ma maman et ma sœur. Et là, je me mets à pleurer. Doucement, ma mère pose une main sur mon dos et décide de rappeler le professeur Vinchon.

Le 27 janvier 2013 fut l'anniversaire d'un ami de mes parents. On était évidemment tous ailleurs ce jour-là, ma famille et moi. Laurence, la femme de Bruno, nous dit que si quelqu'un d'entre eux, famille ou amis du couple, dit quelque chose sur mon état de santé, on devait le dire, et là on entendrait parler d'elle.

Je remarque qu'on reste fort ensemble ma famille et moi. Même Bruno a l'air gêné. Pour nous, c'était bizarre, comme-ci on était les rejetés.

Le 28 janvier, je suis à l'hôpital. Déçue, car je pensais que ça allait être bon, sans opération. Et pour finir, non. Une opération est prévue.

Dépitée, on passe par le 2ᵉ étage, partie pédiatrie. En face de nous, la salle de jeux, face à la salle de jeux, le comptoir où les familles sont accueillies et ensuite les chambres d'un côté. Et le côté infirmier de l'autre. De l'autre côté, les chambres pour les bébés et trois chambres étaient prévues pour les parents.

Arrivée dans la chambre, on découvre qu'une petite fille est présente, peut-être 8-10 ans, dans la chambre. Mon regard se tourne vers elle. La pauvre, pensais-je. Elle a un bandage sur la tête. Tout le monde est recroquevillé autour du lit. C'est triste, j'osais à peine rentrer dans la chambre.

« Bonjour.
— Bonjour. »

Tête baissée, j'allais jusque dans mon lit, j'étais gênée.

Le lendemain, opération. On vint me réveiller, comme à la biopsie. Je me lave à la Bétadine comme à la biopsie. Je retrouve mes parents, comme à la biopsie. J'attends, comme à la biopsie. On vint me chercher à neuf heures. Mes parents m'accompagnent, comme à la biopsie. On oblige mes parents à me laisser, comme à la biopsie. On m'emmène et j'attends dans le couloir des opérations, comme à la biopsie. Là, je m'installe, assise, j'ai moins peur. Là, un interne vient me chercher, c'est l'heure, comme ma biopsie, sauf que là, ce n'est pas la biopsie qui va avoir lieu, mais l'opération. Peut-être qu'après, je serais tranquille, qui sait ?

L'interne me pique avec le cathéter à la main. Les internes, les infirmières me font sourire à cause de leurs bêtises puis vient l'anesthésiste.

— Ça va Colleen ?
— Oui.
— OK, donc je vais te mettre ce masque et tu peux compter jusqu'à dix.

Sans qu'il me laisse répondre, il me met le masque et je commence à compter jusqu'à dix. À trois, je suis déjà endormie.

À mon réveil, je me retrouve dans une salle. Le chirurgien vient me voir, me parle, mais aucun moyen de me souvenir de quoi que ce soit. Je replonge directement dans un sommeil profond. Je rouvre les yeux et découvre mes parents. Je leur souris doucement.

— Ça va ma puce ?

Tendrement, je hoche la tête. Mais aucun son ne sort. Je m'inquiète pas plus.

— T'es sure ?

Je hoche de nouveau la tête. Et d'un coup, je vois ma mère changer de tête et se mettre à pleurer. Tout de suite, mon père la prend dans ses bras. Plus tard, j'ai su ce qu'elle pensait ; elle croyait que je lui en voulais.

Ma tête change en une tête triste. J'ai encore une fois honte. Honte de faire pleurer ma maman, celle pour qui je mourrais.

Je ne sais pas combien de jours j'y suis restée en salle de réanimation, mais d'après mes parents trois jours. J'ai une mauvaise image de quand j'y étais ; je me souviens m'être vomis dessus deux, trois fois à peu près, m'être retrouvée nue afin qu'on me lave, ne pas bouger, sinon j'avais extrêmement mal. Oui, c'était étrange quand je m'y suis retrouvée.

Je sors de réanimation pour retrouver ma chambre d'hôpital. Là, maman dit au chirurgien que pendant la réanimation, je ne parlais pas, aucun son ne sortait de ma bouche. Donc le chirurgien, professeur Vinchon, n'a rien trouvé de mieux à faire que de me montrer son pouce et m'a demandé ce que c'était.

« Un pouce, dis-je.

— Bah ! voilà, elle parle.

— Un mot, ce n'est pas très compliqué à dire. Si je vous dis qu'elle ne parle pas, elle ne parle pas !

— Bon et bien, on va l'envoyer faire un test avec une orthophoniste.

— Merci. »

Le lendemain, je me mettais debout, avec difficulté, mais j'y arrivais. Avec maman qui est aide à domicile, elle savait faire. La petite fille avait quitté la chambre pour aller dans une chambre particulière. Maman m'a expliqué que sa grand-mère pleurait. Donc elle est allée la voir et lui a dit que sa petite-fille, il ne lui restait que quelques mois.

Le jour qui suivait, j'étais debout sans difficulté ! J'en profitais pour aller en salle de jeux. Première fois que j'y vais. Je pensais que c'était pour les tout-petits, mais en fait, non. Je fis un bracelet brésilien, mais la fatigue me rattrape et j'abandonne pour aller me recoucher dans ma chambre d'hôpital.

Ensuite, le jour d'après, on me lave les cheveux. Ce dont j'avais peur, c'était qu'ils me rasent les cheveux. Mon cœur bat à 100 à l'heure pendant que l'infirmière enlève mon bandage. À la vue de mon visage, je souris. Certes, c'est le bordel dans mes cheveux, mais ils n'en ont rasé aucun. Enfin, si, là où la cicatrice est. Je vois l'infirmière rire face à mon sourire.

« Eh bien, je vois que ça te fait plaisir de te voir !

— Rassurée, ils ont pas rasé cheveux ! »

Voilà mon langage quand on ne sait pas parler.

« Non, et ça, c'est bien, parce qu'avant, il y avait un coiffeur qui venait et qui disait rien et qui rasait la tête des enfants.

— Ah oui ? »

L'infirmière ferma les yeux tout en hochant la tête. Wouah ! Les pauvres… Je secoue la tête pour dire de m'enlever cette image de la tête et je penchais ma tête en avant afin de laver mes cheveux.

Le lendemain, tout va bien, sauf que bien sûr je ne sais toujours pas parler. Ma maman m'a ramené une ardoise, mais écrire c'est aussi difficile que de parler. Aujourd'hui, j'ai rendez-vous avec l'orthophoniste. Ma maman en est impatiente, s'ils ont touché quelque chose dans mon cerveau ou quoi.

L'orthophoniste arrive dans ma chambre d'hôpital et se présente.

« Bonjour ! je suis l'orthophoniste, professeur Vinchon m'a demandé de venir afin de te faire faire un test. D'accord ?
— Oui.
— Si vous pouvez nous laisser madame, s'il vous plaît ? »

Ma mère hoche la tête et s'en va, mais la connaissant, elle doit écouter à la porte ou être partie chercher un café.

« Bien. Ça va ? Pas trop stressée ?
— Non.
— OK. »

Elle me sourit et on commence le test. Au fur et à mesure, la tête de l'orthophoniste change. Elle remarque bien que j'ai des soucis de langage.

« Bon ! »

Elle se lève du lit et commence à aller dans le couloir.

« Je vais chercher maman. »

Elle me sourit puis ouvre la porte. Elle se trouve dans la salle de jeux avec une blouse rose. Quand elle vit l'orthophoniste, elles se dépêchèrent et entrèrent toutes les deux dans la chambre.

« Alors voilà, euh… Votre fille a un gros problème de langage. Durant l'opération, on a certainement dû lui toucher quelque chose.
— Ah !

— À la maison, quand vous rentrerez, vous devez aller voir une orthophoniste de votre ville. Je vais vous faire l'ordonnance !

— Merci beaucoup ! »

Le jour où j'ai pu partir, il fallait m'habiller. J'étais encore en pyjama bleu. Il me manquait une culotte. Donc je le dis à ma mère, mais difficilement.

« Maman ?

— Oui ?

— Il manque ça…

— Quoi ça ?

— Bah ça !

— Montre-moi, plutôt ! »

Donc je me mets à tâter mes hanches.

« Ah, un pantalon ? »

Je fis un signe négatif avec ma tête et je me retâte les hanches.

« Une culotte ?

— Oui ! »

Inquiète, elle prit une culotte de ma valise et me la tendit. Je m'habille et ressors quelques minutes après. Je souris puis finis par rire. Tout de suite, ma mère me suit des yeux et on en rigole à deux.

Février 2013

Aujourd'hui, je vais voir le médecin traitant, Docteur Pachy. On attend dans la salle d'attente jusqu'à ce qu'elle dise mon prénom. Je suis habillée avec un bonnet pour qu'on ne voie pas mon gros pansement.

« Bonjour !

— Bonjour !

— Alors ? Quelles nouvelles ?

— On a rendez-vous en mars pour une IRM. Mais cette fois, ça se fera là-bas, à Roger Salengro.

— D'accord.

— Et Colleen a beaucoup de mal à parler depuis l'opération. Vous pourriez prescrire une ordonnance pour une orthophoniste s'il vous plaît ? L'orthophoniste de là-bas a oublié de nous la donner.

— Oh ? Ils ont dû toucher quelque chose. Je vous fais ça tout de suite. Et toi, Colleen, ça va ? »

Moi ? Est-ce que je vais bien ? À vrai dire, je ne sais pas. Vais-je bien ? A priori, oui. Si on regarde l'IRM qui doit arriver, non, mais je crois que je vais devoir apprendre à vivre chaque jour. Le futur ? Je crois que je ne veux pas savoir.

« Oui.

— D'accord, je vous fais l'ordonnance. »

Elle nous fait son papier et on put sortir.

« Bon ! Maintenant, faut en trouver une !

— Oui.

— Je vais chercher, t'inquiète pas, toi va te reposer, tu as l'air crevée.

— D'accord. »

On rentre en voiture et je vais dans ma chambre me reposer un petit peu.

Mars 2013

L'heure de mon IRM à l'hôpital Roger Salengro à Lille arrive et bizarrement je me sens stressée. Je tapote de la jambe jusqu'à ce que l'infirmier m'appelle. On m'installe dans une petite salle, on me pique, on me dit de bien tenir la perfusion. Pas de soucis, je connais. Là, d'un coup, j'ai un énorme mal de tête. Je ne sais pas pourquoi. D'un coup, on me dit que je peux me lever et aller dans l'examen. Je m'y installe. Je supporte plus le bruit. Au bout de quinze minutes, on vient me mettre mon produit. Bizarrement, je sens que je reste plus longtemps. Maman doit s'inquiéter. Au bout d'un certain temps, je sors. Tout sourire, je retrouve ma mère.

« Eh ben ma poule ! C'était bien long aujourd'hui ?
— Ah oui ?
— Une heure !
— Ah quand même ! »

D'un coup, le radiologue rentre. Un peu gêné, il baisse les yeux et demande à ma mère de le suivre. Moi je dois rester là. C'est bon, j'ai compris. C'est peut-être ma deuxième IRM, mais je dois me refaire opérer.

Maman hoche la tête à plusieurs reprises puis sa tête change de façon triste. Je m'en veux comme pas possible. Au bout d'un petit temps, maman revient, elle aussi, tête baissée.

« On y va ? »

Elle sourit, mais je vois bien que c'est un sourire forcé.

« Il dit quoi ?
— …
— Je dois me faire opérer ? »

Elle baisse la tête puis continue de marcher.

« C'est ça ?
— T'es vraiment pas bête, toi… »

Donc c'est vrai ? Je vais devoir me refaire opérer ? C'est un cauchemar que je vis en fait ! Ce n'est pas possible… Maman a les larmes aux yeux. Non, ce n'est pas vrai.

« Je vais faire quoi ?
— On va aller directement où Vinchon est, et on va voir, d'accord ? »

Je hoche la tête. J'ai commencé l'orthophoniste. La première fois que je l'ai vu, elle m'a aussi dit qu'il y avait du boulot. Mais que c'est vite récupérable. Un jour, après mon opération, l'orthophoniste a dit à ma mère qu'il fallait que je lise beaucoup, énormément ! Donc, ma mère m'a emmené dans un centre commercial, Auchan, et m'a conduit au rayon librairie. Elle m'a dit de prendre un livre ou même plusieurs. Elle m'a dit de ne pas faire attention aux prix. Maman m'avait dit *« Je ferais tout pour que tu puisses reparler un jour ! »*. Moi qui, quand j'étais plus jeune, au collège, ma mère m'achetait les livres des listes pour toute l'année ; pour finir, je ne les lisais pas. Mais là, je vais faire un effort. Elle s'inquiète et ça je ne veux pas. Tout ça pour dire, comment je parle après un mois, d'orthophonie. Bon, il faut que je bosse encore, mais j'y arrive !

« Il a dit quoi d'autre ?
— Il va prévenir professeur Vinchon. »

Quelques jours plus tard, on reçoit une lettre de l'hôpital comme quoi j'allais être hospitalisée. Je devais rentrer le dimanche premier avril ! Apparemment, ce n'est pas un poisson d'avril.

Avril 2013

Ce jour-là, on se pose tous la question, pourquoi je dois aller là-bas ? On sait tous pourquoi, mais on se le cache ; je vais me faire opérer... Bref, avec maman, on prépare mes affaires. On les prépare à la dernière minute cette fois-ci.

« Bon ? On y va ?
— Oui. »

Dans la voiture, le CD Justin Bieber tournait en boucle. Je n'arrivais même pas à sourire. Pourtant ce chanteur, m'emplit de joie, mais là, rien. Peut-être parce que je sais ce qui va se passer demain ? Je ne sais pas.

J'ai été le voir en mars. Pour une fois, j'avais oublié ce qu'était d'avoir une tumeur au cerveau.

Nous voilà arrivés. Comme à la biopsie et à la première opération, on passe tout de suite au deuxième étage. Bureaux fermés, on se dirige donc vers la partie pédiatrique. Nous sommes accueillis par deux infirmières qui rient.

« Bonjour ! Faites pas attention, on va arriver d'accord ? Chambre 362 ! »

On se dirige donc vers cette fameuse chambre. Je ne trouve personne comme à ma première opération. Je me demande ce qu'est devenue cette petite fille ? Elle est peut-être vivante, ou bien elle est de plus en plus mal ? À moins qu'elle ne soit... Non, je refuse d'y penser !

Maman commence à installer mes affaires dans le placard de la chambre d'hôpital. Papa s'assoit dans le fauteuil. Ma mère me passe mon ordinateur. Je l'ai depuis janvier et il ne me quitte pas. Je l'allume et d'un coup j'entends toquer.

« Bonjour !

— Bonjour ! disons tous ensemble.

— Comment tu vas, Colleen ?

— Ça va.

— J'ai une question, dit maman. Pourquoi Colleen doit être hospitalisée ?

— Vous ne savez pas ?

— La dernière fois qu'on est venu, c'était pour une IRM. Le radiologue a dit qu'il devait voir pour qu'on aille voir professeur Vinchon.

— Je suis désolée, vraiment, mais là, Colleen est là pour qu'on puisse l'opérer.

— Pardon ?

— Je suis vraiment désolée que ce soit moi qui vous l'annonce.

— Non, il n'y a pas de soucis. »

Au soir, mes parents s'en vont et comme chaque soir je m'endors avec difficulté. Apparemment demain, je me refais opérer. Quoi de mieux... ?

Le lendemain, debout à six heures et demie. Comme d'habitude réveillée par l'aide-soignante, comme d'habitude, la même douche avec la Bétadine, la même tenue, et retour dans mon lit. Mes parents arrivent et là, on attend. On attend. Et on attend. Jusqu'à huit heures du matin, maman et papa eurent l'idée d'aller voir le fameux chirurgien. Et je me retrouve toute seule.

Jusqu'à huit heures et demie, on vient me chercher. Les ambulanciers viennent me voir en chambre. Ils débranchent ce qui est lié à mon lit et, une fois sortie dans le couloir, j'aperçois mes parents. D'un coup, la boule qui resserrait ma gorge descend.

Ouf ! Mes parents m'embrassent chacun leur tour et m'accompagnent jusqu'en bas. À un moment, maman et papa ne peuvent plus m'accompagner, donc je leur dis à tout à l'heure. Ils m'embrassent à nouveau puis restent à la porte coulissante. Avec les ambulanciers, on continue notre route jusqu'à s'arrêter. Ils me disent d'attendre et m'annoncent que la prochaine étape est l'opération. Ils me quittent tout en me souhaitant « bon courage ». Et là, j'attends. J'attends cinq minutes. Dix minutes. Vingt minutes. Et au bout de trente minutes, on vient me chercher. L'interne de garde me dit qu'il y a un problème au niveau des IRM, mais de là, tout est prêt donc je peux y aller, c'est parti !

Quelques heures plus tard, je me réveille en réanimation. Là, je vomis toute la morphine, je ne la supporte pas du tout. Du coup, on me déshabille, j'avais vomi sur toute ma blouse d'hôpital. C'est la deuxième fois que je deviens nue depuis la première opération. Encore une fois, je vomis deux-trois fois. Donc à chaque fois, on devait me laver. J'avais une sonde urinaire. J'étais gênée pour une adolescente de quinze ans. Et chaque fois, un aide-soignant de la réanimation venait vider mon urine. J'avais honte.

Normalement une adolescente de quinze ans, devrait sortir avec ses amis ! Non, moi à quinze on vide mon urine devant moi.

Bref, mes parents viennent me voir une fois par jour. Normalement, les adultes ne peuvent pas avoir de visites de leurs proches, mais moi, vu que je suis mineure, j'ai le droit. J'étais la seule à avoir moins de dix-huit ans.

Quand ils viennent, je parle presque normalement ; j'étais très contente !

Quelques mois plus tard, je passe toujours mes leçons d'orthophonie. En tout, ça a duré trois ans.

Quelques jours après ma sortie de ma deuxième opération, mes parents ont posé mon lit qui était en hauteur, à terre. Mon lit était suffisamment haut pour que je puisse me cogner. Du coup, lit sans pieds !

Un soir, alors que je regardais une émission de télé-réalité, maman dormait déjà. La fatigue commence à venir, étant dans le lit de mes parents, je me lève et sens ma tête tourner. J'ai dû me lever trop vite, ce n'est pas très grave. Malgré tout, il faut faire le tour du lit, vite je sors de la chambre et je préviens mon père que ma tête tourne assez vite tout en chuchotant, car maman dormait et elle en a besoin. Mon papa était en bas, dans la salle à manger, sur l'ordinateur. Il ne comprend pas ce que je dis, donc je lui répète tout en me tenant à l'escalier, puis trou noir !

Je me réveille dans ma chambre avec maman et papa. Ma mère, au téléphone avec les pompiers, les prévient que je suis réveillée. Au début, je n'entendais rien, puis l'ouïe est venue, petit à petit.

« On va arriver, madame ! »

Puis ils raccrochent.

« Je suis où ? dis-je.

— Tu nous as fait peur ! dit-elle en ayant les larmes aux yeux.

— T'es dans ta chambre, Colleen… répond mon père.

— Je t'avais appelé pour ne pas réveiller maman…

— Non, mais tu rigoles ou quoi ? Quand c'est comme ça, tu me réveilles, Colleen !

— Je suis désolée, maman, je ne savais pas. »

Doucement, je m'assois pour voir si ça ne tourne plus. Ça va, donc je me lève avec précaution. Je descends avec l'aide de maman et papa, c'est-à-dire que ma mère me tient d'un bras et mon père juste devant tout en regardant où je mets les pieds tout en me tenant la main. D'un coup, on voit des reflets de lumières bleues et rouges. À travers la porte du couloir et de la porte d'entrée. Papa le remarque, alors il va leur ouvrir pendant, qu'avec maman, on m'allonge dans le canapé. Un des pompiers vient et prend ma tension pendant que l'autre demande des renseignements à mes parents. Après que ma mère lui ait dit que je venais de me faire opérer d'une tumeur au cerveau il y a une semaine, le pompier n'a pas cherché à comprendre, il m'embarque. Mon papa vient avec moi dans le camion de pompiers, pendant que maman prend la voiture.

Plus moyen de se rappeler de ce que le pompier me disait, mais je me souviens très bien des urgences. On y a passé presque toute la nuit. Je me souviens être sur le brancard pendant que mon père est assis sur une chaise. Et maman, qui se couche sur mon brancard. Moi je dors avec difficultés.

De temps en temps, un infirmier vient me voir. Et de temps en temps, ma mère se couche carrément au sol pour ne pas m'embêter. Vers six heures, on m'emmène enfin en chambre, au deuxième étage, service pédiatrie en neurologie. J'en pouvais plus. Maman va récupérer la voiture pour aller se laver pendant que je reste avec papa, lui, s'assoit directement dans le fauteuil. Moi, je continue mon sommeil. Je ne remarque même pas si quelqu'un est dans la chambre. On s'endormit tous les deux. Vers sept heures et demie, une aide-soignante entre dans la chambre. Mon père et moi, on se réveilla doucement.

« Bonjour !
— Bonjour... »

Papa se lève et se met droit tout en croisant les bras. L'aide-soignante me demande ce que je voudrais pour le petit-déjeuner puis va me le préparer. D'un coup, la télé qu'on avait allumée s'éteint, ça veut dire que les médecins passent. Maman revient au même moment, m'embrasse le front. Puis le chirurgien vient.

« Alors ? Que se passe-t-il ?
— Alors, elle a fait un malaise hier soir, elle a perdu connaissance, donc les parents ont appelé les pompiers et les pompiers l'ont emmené à Lille vu qu'elle a été opérée il y a deux semaines d'un oligodendrogliome. »

Tout à coup, le chirurgien nous regarde et dit à mes parents :

« Et vous venez pour ça ? »

Alors là, maman a vu rouge. Mais quand elle voit rouge, je vous explique pas !

« Non, mais vous rigolez ? Notre fille s'est fait opérée il n'y a même pas deux semaines et vous croyez sincèrement qu'on va la laisser comme ça ?

— D'accord. On va faire une IRM pour dire d'être sûr, et une prise de sang. Merci. À tout à l'heure.

— À tout à l'heure ! »

Le chirurgien repart. Rien d'alarmant, je manquais juste de fer, c'est ce qui m'a fait tomber et perdre connaissance. Je suis reparti trois jours plus tard.

Février 2014

En février 2014, maman rencontre sa sœur Christine. Elles ne se sont pas vues à cause d'histoires de famille. On y est allé avec ma mère, papa, Lory et son compagnon, David ainsi que ma grand-mère maternelle. Tatie Christine avait un cancer des intestins, mais elle était au courant de ma maladie, de mon cancer. Alors qu'on ne lui parlait plus depuis avant ma naissance. Ma grand-mère, sûrement, qui lui en a parlé. Comme le fait que tatie Christine et son autre sœur, Joëlle, voulaient m'écrire des lettres. Choses qu'on a su que quand on a été voir ma tante. Elle me parle de sa maladie, elle s'y connaît, elle, au moins. Peut-être que je pourrais lui parler plus tard. Aujourd'hui, c'est la journée à maman et sa sœur. Mais elle vient tout de même me voir.

Moi je suis impressionnée quand même, c'est la première fois que je la vois.

« Ça va Colleen ?
— Oui, et vous ? »

Me souriant, elle me disait que je pouvais la tutoyer, qu'elle faisait partie de ma famille.

« Alors… Comme ça toi aussi, tu es malade ?

— … Oui.

— T'es courageuse, dis donc ! Tiens, sers-toi ! »

Elle me tend une assiette de gâteaux. Sûrement acheté au matin. J'étais gênée, deux de ses enfants sur trois étaient présents, Romain et Florine. C'était très impressionnant pour moi.

« Alors les enfants ? demande tatie à Lory et David. Pas d'enfants ? »

Lory et David se regardèrent et elle répondit :

« Non, pas pour maintenant ! »

Puis Lory sourit à Christine.

Tatie est à l'hôpital près du Pas-de-Calais. Elle est en phase terminale. Il ne lui reste plus beaucoup de temps à vivre. Une fois, je voulais aller la voir, mais maman et papa m'ont dit que non, elle était vraiment mal à ce moment-là, elle avait du mal à respirer, elle n'avait plus de cheveux, bref, c'était la fin. La fois où je me suis dit que je lui parlerais plus tard, c'est loupé. J'aurais tant aimé lui parler à nouveau. Mais, là, je ne peux pas.

La première personne au courant était tatie que Lory était enceinte. Un ou deux jours plus tard, elle ferme les yeux pour toujours…

J'étais assez triste de ne pas avoir pu lui parler plus…

Au mois d'avril, c'est l'enterrement de ma tante. On était tous au courant pour la grossesse de Lory ; quelques jours plus tôt, elle vint à la maison et alla vers maman et papa. Elle leur offrit une tétine. Maman et Papa étaient plus qu'heureux ! Moi j'étais fière de ma Lory et de David, c'était un magnifique couple qui allait donner naissance à un bébé plus que magnifique !

Puis Lory, vint vers moi et me demanda en souriant : « Alors marraine ? ». J'étais doublement fière. Je pris, alors Lory et pleura dans ses bras. C'était la joie ultime ! Moi qui souhaitais toujours être maman, je suis marraine, c'est-à-dire, la personne juste après la maman, je suis d'autant plus fière !

En 2014, je change d'école pour arriver en France, à île de Flandres à Armentières. À la porte ouverte, on va dans ma future section, section que je n'aime pas du tout, d'après maman, c'est pour *« attendre que la maladie arrête de te fatiguer »*. Oui, il paraît, oui. Sauf que ça n'a pas du tout marché. On verra par la suite. Parlons de mon école, de mon lycée. Je rentre en section CAP ATMFC (Assistante Technique dans le Milieu Familial et Collectif). Bref, à la porte ouverte, je m'en souviens comme-ci c'était hier, on va à la section, on visite, on visite, etc. On décide, mes parents et moi, de m'y inscrire. Jusqu'à là, tout va bien.

Le six novembre, je n'en revenais pas ! Arthur venait de naître ! J'étais si fière que je n'allais pas à l'école. Avec ma plus vieille sœur et marraine, Fanny, elle m'appelle et on décide d'aller voir Lory et David à la maternité. Tout doucement, on s'approche et on voit un petit bébé dans un berceau. Je pense que c'est lui jusqu'à ce que marraine me le confirme.

« Regarde, il est là ! »

Les larmes me montent aux yeux. Ça y est, j'ai une responsabilité, je suis marraine !

***

Je ne le sais pas encore, mais c'est là que je rencontre ma meilleure amie, Océane. Elle fait une grosse crise six mois plus tard et s'en va. Et donc là, la misère pour moi arrive. On commence à me harceler, du fait que je l'invitais encore chez moi donc on me disait « *Ah ! La lesbienne arrive chez toi ?* ». En aucun cas, on savait qu'elle était lesbienne. Et c'est quoi cet air de dégoût qui venait avec cette phrase ? Moi, malheureusement, je rentrais dedans. Je disais que non, elle ne venait pas chez moi, etc. Jusqu'à ce que j'aie des rendez-vous médicaux. Je loupais les cours une matinée ou une après-midi. Bien sûr, mes absences étaient justifiées ! Mais pas pour les filles. On était une classe de 10 filles. Pas un garçon n'était présent. Une classe de filles, ce n'est jamais bon, jamais. Elles étaient toutes contre moi. Je n'avais rien demandé à personne. Quoi que ? La tumeur m'était peut-être passée dessus parce que j'avais fait un truc de mal ? Ou bien dans une vie antérieure ? Donc la maladie plus les filles qui s'acharnent sur moi, c'était peut-être normal finalement. La réunion avec les professeurs se passe très bien, même trop bien ! Le lendemain, j'en avais peur. Quand me demanderont les filles, combien je suis dans le classement des notes générales, ça me fait stresser. En rentrant de cette fameuse réunion, mes parents voient bien que ça ne va pas. Mon père décide de s'asseoir à la table de salle à manger et me dit de venir. Je m'assois à ses côtés et me dis :

« Viens, tu vas expliquer à toute ta classe ce que tu vis en ce moment !

— Mais papa, ils vont encore plus se moquer de moi.

— Ils ne savent peut-être pas ce que tu vis en ce moment. Malheureusement, il faut leur expliquer, je pense. »

Puis d'un coup, on entend un verre se briser dans la cuisine. On tourne tous les deux nos têtes vers la gauche, dans la cuisine on voit maman, les mains sur l'évier.

« C'est dingue ça, quand même ! cria maman.

— Qu'est-ce qu'il y a ?

— C'est hallucinant qui faut leur expliquer ce que tu vis ! Ce n'est déjà pas facile pour toi...

— C'est pas grave, te mets pas dans des états comme ça. On va leur expliquer sur une feuille, explique papa. »

Ayant les larmes aux yeux, je pris un stylo et une feuille et commença à leur expliquer.

Le lendemain, juste avant d'entrer en cours avec madame Detollenare, je lui explique qu'il faut que je raconte mon histoire à tout le monde et elle me dit qu'il n'y a aucun problème.

En cours, la professeure explique son cours, mais que d'abord, j'allais expliquer sur ma maladie. Je commence à raconter jusqu'à pleurer, j'en avais honte de raconter la peur que je vivais chaque jour.

Certains eurent conscience de ce que je vivais, d'autres eurent pitié et d'autres n'en ont rien à faire.

« Bon, on peut passer au cours, elle n'arrête pas de chialer, dit une fille qui n'en avait rien à faire.

— Tu veux que je le lise pour toi, Colleen ? »

Madame Detollenare ne fit pas attention à la fille. Elle décide de l'ignorer. Et moi, toujours en pleurs, je lui donne ma feuille. Elle commença à relire depuis le début, pour mieux comprendre. À un moment, elle explique aux autres que les personnes que je citais sont des métiers médicaux, comme neurochirurgien,

66

neuropsychologue, neurologue, psychologue, orthophoniste, kinésithérapeute, etc. La fille qui voulait absolument son cours ne compris pas. Elle restait sur ses positions. Ça me fit de la peine qu'elle ne voulait pas comprendre et ça me fit aussi de la peine pour moi. Quand la prof eut fini, je pleurais toujours, elle me proposa de sortir de sa classe pour souffler un peu. Je pense qu'elle doit dire deux-trois mots à la fameuse jeune fille. Quand je rentre en cours, des élèves me posent des questions.

« Je suis désolée, Colleen.
— C'est pas grave. »

La fille qui n'en avait rien à faire se leva et posa une question plutôt bizarre.

« Ça peut s'attraper, ce truc ?
— La tumeur ?
— Ouais. »

Je fus choquée de sa question. Ça peut s'attraper une tumeur ? Ou un cancer ? Je ne sais pas. Je vis dans son regard ses yeux de dégoût et un rictus se former au bord de ses lèvres.

« Ça suffit, maintenant ! Si tu continues comme ça, je te sors de cours !
— J'ai rien demandé, moi, madame ! Je voulais simplement avoir votre cours !
— Tu sors, tout de suite ! »

J'eus un regard méchant de sa part, et elle sortit. Madame Detollenare demanda aux filles si elles avaient des questions par rapport à la maladie ou autre. Elles n'en avaient plus, comme par hasard. Bref, le fameux cours commença, il n'y eut aucun bruit.

Le soir, je rentrais en voiture avec ma maman. Elle me demanda et sa première question, ce fut comment ça s'est passé pour mon texte. Je lui expliquais qu'il y en avait celles qui étaient plutôt compréhensives, d'autres en ont pris conscience de ce que je traversais. J'évite de parler de la fille qui n'en avait rien à faire, elle a assez de problèmes comme ça, avec moi.

Je suis à la MDPH (Maison Départementale des Personnes Handicapées) et je suis devenue travailleuse handicapée. Donc j'ai droit à une réunion MDPH avec la professeure, madame Detollenare. Je suis à ma deuxième année donc à la fin de l'année, je dois passer mon CAP ! Perso, je n'y crois pas que je vais réussir à l'avoir. OK, je suis première de classe en théorie, je n'ai rien à dire, mais en pratique, je ne sais rien faire. Donc on est là pour parler des examens à venir. Je suis avec madame Detollenare et maman. Papa ne peut pas être présent, il travaille.

« Je propose d'aider Colleen, en cas de problèmes. Et je demanderais, à madame Delangue, de t'aider si ça peut t'arranger. D'accord ? »

Cette professeure-là, je l'adore. Elle est humaine et a la main sur le cœur.

« Merci beaucoup, madame ! »

Je vois que maman a les larmes aux yeux. Maman, si tu savais que je fais pas exprès…

Quelques jours plus tard, on avait ménage avec madame Delangue. À la fin du cours, elle vient jusqu'à moi alors que je rangeais mes affaires.

« Je peux te parler, Colleen ?

— Oui, bien sûr.

— Madame Detollenare m'a expliqué ton vécu. Je savais que t'avais une tumeur à la tête. Mais je ne connaissais pas les conséquences. Je voulais te dire que j'étais d'accord, pour t'aider, d'accord ?

— Merci, c'est gentil.

— Je t'en prie, maintenant file pour ton prochain cours, maintenant. »

Je la remercie de la tête, et vais à mon prochain cours.

L'heure des examens approche, et je stresse. Je sais que madame Detollenare va m'aider, mais j'ai peur…

J'ai mon CAP ATMFC ! Je suis fière de l'avoir, même si je sais que je ne ferais jamais ça. Mais je suis tout de même contente malgré ma petite ennemie qui se trouve dans ma tête. Par contre, quoi faire l'année prochaine, ça, c'est la bonne question. Du coup, direction le CIO, l'endroit où c'est fait exprès pour voir dans quelle école et quelle classe tu vas. Toujours accompagnée de ma mère, je remplis le papier à l'accueil, etc. Puis on attend. La conseillère arrive et on me demande dans quoi je veux aller. Et là, je ne sais pas. Elle me ramène un petit livret pour savoir dans quoi je veux me lancer. Puis je pense à ce que mes frères et sœurs ont fait comme études. Marraine, elle a fait des études d'infirmières. Parrain, des études de dessin. Et Lory, des études de vente. La dernière option pour moi se présente bien et je dis que j'aimerais faire vente. Je n'ai jamais parlé de vente ni à ma mère ni à mon père et encore moins à mes frères et sœurs, mais je ne sais pas, je voulais faire un des trucs qu'ils ont faits.

Maman fut étonnée, mais avec la conseillère, on cherche une école qui fait vente, mais pas de BAC, ça je ne veux pas. Je ne veux pas simplement parce que je sais que je n'y arriverais pas. On trouve un lycée Nicolas Barré où il y a un CAP ECMS (Employée de Commerce Multi-Spécialité). Eh bien, c'est parti !

Septembre 2016

Donc cette année, en septembre 2016, je vais au lycée Nicolas Barré. Dès le premier jour, je rencontre une fille, de quatre ans plus jeune que moi. En effet, j'avais déjà fait un CAP par rapport aux autres qui sortent tous de troisième. Le deuxième jour, on devait aller faire un canoë-kayak. J'avais très peur qu'on me traite différemment à cause de la tumeur. Donc me voilà sur le côté. Jusqu'à ce que j'entende :

« C'est une coloration tes cheveux ? »

Je me retourne et je vois une fille, une blonde avec une queue de cheval, mince, bref, tout pour plaire.

« Moi ?
— Oui.
— Ah… Euh… Oui ? Pourquoi ?
— Non, je trouve que ça te va bien.
— Merci. »

À un moment, les profs arrivent et dictent aux élèves de les suivre. On va vers le bus qui nous emmène à notre activité et en attendant les profs, on discute.

« Tu étais à quel collège ?

— Oh ! je n'étais pas au collège, j'ai fait un CAP l'an passé.

— Ah bon ? Mais t'as quel âge ?

— Je vais avoir 20 ans en décembre.

— Euh… Wouah ! Je ne pensais pas que tu étais aussi… »

Je vis qu'elle cherchait ses mots, donc je l'aidais tout en souriant.

« Vieille ? Je riais.

— J'ai pas dit ça ! riait-elle aussi. Comment ça se fait que tu refasses un CAP ?

— Euh… Je… J'ai une tumeur à la tête, donc c'est pour ça. »

Pourquoi j'ai dit ça ? Il y a deux minutes, je voulais garder ça pour moi, et là je le dis. Super Colleen !

« Wouah ! Toi, je ne te connais pas, mais je sens que tu as énormément de choses à me dire !

— Désolée… »

On va dans le bus, j'avais dit à une autre personne que je me mettais à côté d'elle dans le bus donc on allait se rejoindre là-bas, au canoë-kayak. En ce moment, mes parents, ça n'allait pas. Mais comme dans tous les couples, ça va aller, ils vont se réentendre et tout va aller ! Je pouvais bien m'amuser une journée.

Arrivée à l'endroit de notre activité, avec Clara, on se rapproche et on finit par se mettre à deux sur ce fameux canoë. On rigole, on est morte de rire toute la journée.

Après ce jour-là, c'est devenu mon acolyte. Toujours ensemble à rire. Une autre fille est venue nous rejoindre, c'est

Shana. On forme un trio de choc, malgré que j'apprécie moins cette fille, mais bon, avec le temps, ça va le faire.

Le 21 septembre, je vais voir Justin Bieber en concert au Bercy. On dort là-bas cette fois, c'est-à-dire à Paris dans une F1. J'y vais avec ma maman et Lory. C'était un souvenir dont je me souvenais plus en 2023 à cause de ma deuxième opération, perte de mémoire. Mais bon, le reste je m'en souviens comme-ci c'était hier. On rentrait et on était presque arrivé à la maison et maman pleure. Lory me regarde pour voir si je n'avais pas vu, mais trop tard ! Je vois bien que maman pleure.

« Ça va maman ?

— Oui, oui, ne t'inquiète pas.

— Maman ! Gronde Lory, il faut lui dire, je pense qu'elle est assez mature maintenant, pour comprendre ! »

Comprendre quoi ? J'ai peur de ce qu'elles vont m'annoncer !

« Comprendre quoi ?

— Maman… ? Elle la supplie de me dire la vérité.

— Colleen, j'ai trouvé quelqu'un.

— Quelqu'un ? Tu me dis que – .

— Colleen, maman en a marre de papa, me dit Lory.

— Oh. »

Alors, c'est bien pire que ça. Je pensais que ça allait repartir comme avant, moi. Mais non…

« Avec papa, vous allez divorcer ?

— Pour l'instant, on n'en est pas encore là, Colleen.

— D'accord. »

Maman se gare et on rentre à la maison. Lory vient avec nous se reposer un peu jusqu'à ce que David vienne la chercher. Et là, papa est sorti du travail, il mange.

« Salut !
— Salut papa. »

Papa et Lory se font la bise, maman et papa s'embrassent. Quant à moi, je ne sais pas quoi faire. Je suis encore choquée de ce que maman m'a dit et comment elle me l'a dit. Je décide de répondre sèchement.

« Salut.
— Ça va ? Alors ? Tu lui as demandé un autographe ?
— Non. »

Je pars m'asseoir dans le fauteuil et regarde ma mère et ma sœur. Elles parlaient à papa, comme si de rien n'était.
Je comprendrais jamais, je pense.

« T'as rien ramené de là-bas ?
— Si. Regarde. »

Je vais vers ce que j'ai acheté là-bas et le montre à mon père. Ensuite, c'est l'heure pour papa d'y aller au travail.
Je regarde maman qui dit au revoir à papa. Je ne comprends plus rien.

« Maman ?
— Pas maintenant, chérie. »

Elle a les larmes aux yeux. Je comprends. Elle est perdue.

En janvier 2017, je sens que ça va être fini. Je m'y prépare tout doucement psychologiquement. Et moi dans tout ça ? Je vais aller où ?

***

En février 2017, c'est fini entre mes parents. On attend que tout le monde soit réuni. Au moment de partir, maman et papa, au moment que marraine dit à Dorian de mettre son manteau, disent qu'ils ont encore quelque chose à dire.

« Attends, Dorian, tu peux enlever ton manteau.

— Va jouer, mon poussin, dit maman.

— Tu vas annoncer que vous vous remariez ? Marraine rit. »

Si elle savait…

« Je vais aux toilettes, prévient David.

— Alors euh… commence papa.

— On va divorcer… Annonce maman en regardant vers le bas.

— Quoi ? » s'étonnent Lory et marraine.

« Pourquoi ? » s'étonne marraine

Lory se lève et va cogner contre la porte du couloir. En même temps, ça se comprend. Marraine et Jo se sont séparés il n'y a pas longtemps. Maintenant, maman et papa. Moi, j'étais au courant malheureusement. Parrain, lui s'est disputé avec maman. Donc il n'est pas invité.

David revient et me regarde. Lory en train de taper la porte de couloir, marraine en train de se demander quoi, et moi assise, par terre, dans le salon, juste devant le fauteuil. Je jouais avec les deux petits.

— Maman et papa. Ils divorcent.

Je suis persuadée que c'est à cause de moi.

— Oh.

David regarde Lory en pleurs en criant, et en train de frapper la porte comme une folle.

— C'est à cause de moi…

Je le chuchotais, afin que seul David l'entende. Mais ce fut peine perdue.

— Quoi ?
— Non, rien.

***

En octobre 2017, je devais aller à Disneyland trois jours avec mon frère, sa copine, Penelope et sa sœur, Gaëlle. Seulement, je devais passer une IRM de contrôle. Donc comme d'habitude, rendez-vous à l'hôpital pour cet examen. Je commence à connaître tout le monde. Jusqu'à la secrétaire.

« Ça va Colleen ? me demande la secrétaire.
— Oui.
— Je vais te demander ta carte vitale s'il te plaît. »

Je passe un certain temps dans le secrétariat pendant que maman est déjà assise dans la salle d'attente. Au bout d'un moment de discussion, je rejoins maman. Pas longtemps après, on m'appelle. Depuis plusieurs IRM, j'ai le même infirmier qui me pique. Avec lui, on peut rigoler, etc. Bref, je l'aime bien cet infirmier !

« Alors ? Ça va ?

— Oui, comme d'habitude ! Un peu de stress, mais ça va aller !

— Il n'y a pas de raison ! Bon, je vais piquer dans ton joli tatouage, par contre.

— Oh c'est juste au-dessus, ce n'est pas grave ! »

En effet, j'avais été tatouée sur mon avant-bras gauche, j'avais fait un attrape-rêve. J'étais une grande rêveuse, encore plus depuis que je sais pour la tumeur.

Bref, je passe mon IRM dans ce bruit que fait cet examen. Des fois, j'ai l'impression qu'ils veulent qu'on ait un mal de crâne. Je souris sous cette pensée.

Je sors avec l'aide d'infirmiers.

Soudain, je sens que lui n'est plus pareil. Il sourit, mais je sens que c'est nerveux. Bon, on verra.

« Vous pouvez prévenir ma mère, s'il vous plaît ?

— Oui, bien sûr. Je te laisse te remettre ton soutien-gorge, etc. Je vais l'appeler. »

Il retire ma perfusion et s'en va. J'en profite pour remettre mon soutien-gorge et vais rejoindre la salle des familles.

J'y retrouve maman et comme d'habitude, elle me questionne de comment ça s'est passé. Au même moment, le radiologue, docteur Roy, vient et comme à son habitude, s'assoit sur la table, les bras croisés puis les mains au creux de ses genoux.

— Bon. Comme la première IRM, je vous ai dit qu'il ne faut pas passer par quatre chemins, je vous le redis. Il y a un liseré plus gros que d'habitude. Maintenant, je vous conseille vivement, vu que vous êtes véhiculée madame, d'aller porter les images que je vais vous donner. Il faut que le neurochirurgien voie ces images.

— D'accord, pas de soucis.

— Je finis mon compte-rendu. Vous, vous pouvez aller patienter dans la salle d'attente.

— D'accord, merci.

Toutes deux, silencieuses, on sort de la salle des familles. Je préviens papa. Il n'en revient pas. Maman appelle mes sœurs, elles n'en reviennent pas non plus. Dès qu'on sortit de l'hôpital, on se dirige vers le CHR de Lille. On a 20 minutes en voiture. On reste toutes deux muettes. On se gare dans la rue et allons au rez-de-chaussée. Je suis passée en adulte maintenant, donc on va donner les images au professeur Reins, mon nouveau neurochirurgien. Il n'est pas présent, mais ma mère demande à la secrétaire si elle peut mettre ça dans son casier.

On repart bredouille. Sans réponse.

Le lendemain, je suis en cours. Maman m'envoie un message à 10 h comme quoi le chirurgien a appelé ; je dois passer un PET Scan. Un PET Scan est un examen comme une IRM, mais au lieu de voir seulement une partie d'un corps humain, on voit tout le corps pour être sûre qu'il n'y en est pas ailleurs.

On a rendez-vous mardi après-midi à Lille, au CHR, et je dois être chez mon frère au soir.

Arrivées ce jour-là, on passe par l'accueil et on attend. On attend encore jusqu'à ce que l'infirmière m'appelle. J'y vais et comme tout examen j'enlève tout ce qui est métallique sur mes vêtements.

L'infirmière m'y conduit et je m'allonge. J'en ressors presque trois quarts d'heure plus tard. Au bout de quarante-cinq minutes, je m'assois et pas le temps, je me lève tout de suite. On me défait ma perfusion puis je ressors et vais rejoindre ma maman.

On attend et quinze minutes plus tard on a les résultats. D'après ce qui est marqué, c'est bon, il n'y a plus rien dans mon corps sauf à ma tête. Ils ont déjà enlevé du cerveau, mais là je sens qu'ils vont encore m'opérer et donc encore m'en enlever du cerveau. Mais pour l'instant, ce n'est pas de ça que je dois m'occuper. Là, je dois aller dormir chez mon frère et sa copine pour le lendemain aller à Disney durant trois jours. J'y vais avec le couple et la sœur de ma belle-sœur.

Ce fut magique ! Sauf le dernier jour où j'étais plutôt fatiguée et que je savais que j'allais me refaire opérer. Donc ça s'est mal passé, tellement que je voulais que ce soit ma sœur aînée qui vient me rechercher avec mon père. Mais en fait, c'était la peur et la fatigue qui jouaient.

Puis vint le rendez-vous avec le nouveau chirurgien. En effet, le chirurgien, Professeur Vinchon, ne peut plus opérer ce genre de tumeur puis j'ai dix-huit ans, et lui ne s'occupe que des enfants. Donc rendez-vous avec le professeur Reins, celui qui s'occupe des adultes. On attend et le découvre. On trouve également qu'il ressemble énormément à Vinchon.

« Bon, au vu des images, je propose une opération. »

Wouah ! Si vite ? Il ne faut pas qu'il voie avec son équipe ?

« Là, on est au mois de novembre, je propose le 15 décembre.

— Oui, d'accord. On est vraiment obligé ? demanda maman.

— Après non, mais vaut mieux !

— D'accord.

— Si on n'opère pas, il se passe quoi ? dis-je. Si on ne fait rien ?

— La tumeur va continuer de grossir.

— D'accord.

— OK pour l'opération, ou pas ? »

Je regarde maman. Elle me regarde avec envie de dire quelque chose, mais n'ose pas. Je vois bien qu'elle veut que je fasse cette opération.

Je regarde le chirurgien et me mets à hocher la tête.

« Oui. »

On laisse passer le week-end et je reviens en cours du lundi. Ma maman m'accompagne avant que les cours commencent.

On rentre du côté où, seuls les profs peuvent rentrer et les parents bien sûr, puis je vois qu'elle est là, ma prof principale. Je l'appelle et elle s'arrête. Madame Kolmy s'arrête et me regarde en fronçant les sourcils.

« Colleen ? Mais tu ne peux pas être ici.

— Je suis avec ma mère, madame.

— Je suis là ! Bonjour madame ! dit maman.

— Ah bonjour ! Que me voulez-vous ?

— Alors voilà, Colleen doit se faire opérer le 18 décembre. Et je pense qu'elle est en stage ?

« — D'accord, alors Colleen, ne panique pas, la santé avant tout, OK ?

— Oui, mais si je loupe mon stage, je n'aurai pas mon CAP.

— Écoute, je vais m'arranger avec monsieur Nandaele, d'accord ? Toi, ne t'inquiète pas, tout va bien niveau institut ! OK ? Pas de panique !

— Merci beaucoup !

— Merci, madame ! dis-je.

— Allez, va en cours, dépêche-toi. »

Je vais en cours, comme elle me l'a demandée et je vais rejoindre ma copine Clara.

« Ben qu'est-ce tu fous, t'es en retard meuf !

— Je dois me faire réopérer. »

J'avais tout expliqué à Clara, de quand j'avais vu la voisine pendue à maintenant. Elle en était choquée, mais compatissante. Et là, elle fait une tête étonnée et triste.

« Oh non… Tu vas tout m'expliquer en cours, hein ?

— Oui. »

J'étais première de classe cette année et Clara était troisième, donc on pouvait se permettre de se raconter nos petites vies pendant les cours.

À la deuxième heure, monsieur Nandaele, toque à la porte, et demande s'il peut m'appeler. Je me lève et vais vers lui.

« Oui ?

— Madame Kolmy m'a expliqué que tu vas te faire opérer ? »

Je baisse la tête et hoche la tête.

« Surtout, ne t'inquiète pas, d'accord ? J'ai appelé Gifi, je leur ai expliqué la situation sans rentrer dans les détails, bien sûr ! Et ils sont OK pour te prendre en stage pendant deux semaines. Puis la semaine du dix-huit, tu te reposeras. OK ? »

Je souris doucement, puis acquiesce.

« Merci beaucoup ! »

On est le lundi vingt-sept novembre. Je stresse un peu, mais ça va. Je fais mon stage que l'après-midi pour que le matin je puisse me reposer.

Maintenant, avec ma mère, nous habitons Houplines, dans un petit studio. Elle a préféré me prendre le temps de l'opération, autrement, je vivais chez mon père.

Bref, je vais à mon stage, Gifi. Ici, je suis accueillie par ma tutrice. Souriante, je la suis et elle m'explique dans les derrières du magasin, la réserve.

Je passe trop du bon temps à ce magasin. On m'offrit une bougie le dernier jour. J'étais émue, vraiment.

Puis vint l'hospitalisation. Comme d'habitude, je rentre le quatorze décembre. Jour de l'anniversaire de papa. Maman m'y accompagne avec son compagnon. Contrairement à la pédiatrie, l'équipe est très froide, très hautaine. On vient mettre mon bracelet d'hôpital.

Le lendemain, je fus opérée. Juste avant, maman était présente avec son compagnon. Le lendemain, ce fut Lory et marraine qui vient.

De retour au studio où nous vivons avec maman, le lendemain dont je suis rentrée, je fus gardé par Laurent. Maman travaillait au soir donc il fallait quelqu'un. Papa devait venir au soir. D'un coup, j'entends sonner. Le compagnon va ouvrir et c'était bien mon père. Papa souffle et s'en va plus loin. Je décide de mettre

82

un bonnet, de mettre mon manteau et de dire à Laurent que je n'en ai pas pour longtemps. Je cours à ma vitesse, parce que courir quand on vient de se faire opérer du cerveau, ça n'arrive pas tous les jours !

« Papa !
— Oui ?
— Je suis là, dis-je en soufflant.
— Oui, ça va ?
— Ça va, oui. Et toi ?
— Ça va. Et toi, comment… Euh… Comment tu…
— Ça va papa. Ne t'inquiète pas pour moi. Je sais parler. J'ai de la mémoire, ne t'inquiète vraiment pas ! le coupais-je
— OK. Je suis désolée, je vais devoir y aller, il se fait tard, puis il fait vite noir maintenant.
— Oui, bien sûr.
— À bientôt.
— Salut mon père ! »

Je lui fis la bise et il partit. Je retournais chez maman et me mis au chaud.

La famille est détruite. Mais complètement détruite. Mon frère et ma mère se sont disputés. Mes sœurs ne parlent pratiquement qu'à ma mère. J'ai plus de tantes et oncles et encore moins de cousins et cousines.

Avril 2018

En 2018, IRM en avril. Cette fois, ça a repoussé, mon ennemie a repoussé. Rendez-vous avec ma mère et ma sœur, Lory, chez le chirurgien juste après.

Cette fois, opération éveillée. Pour vérifier que je parle, etc. Donc rendez-vous avec une neuropsychologue. Pour faire des tests plus approfondis. Pendant le rendez-vous, ma sœur et ma mère avaient des questions, de nombreuses questions. Moi, tout ce qui m'importait, c'était si j'allais au concert d'Orelsan. C'était mon rappeur préféré, et je tenais à le voir absolument avec Clara dont elle était fan également.

« D'autres questions ? demanda professeur Reins.

— Oui, je pourrais être opérée après le quinze juin, s'il vous plaît ?

— Oui, si vous voulez. Mais il faut que l'opération se fasse cette année.

— D'accord.

— Je propose le 25 juin. Tu rentres le 24 et tu dors ensuite à l'hôpital. Comme les trois dernières opérations, en fait.

— OK.

— Surtout, on va te le dire encore et encore, Colleen, mais surtout s'il y a quelque chose qui ne va pas durant l'opération, il faut que tu préviennes soit la neuropsychologue, soit moi, soit quelqu'un qui fait partie de l'opération ! D'accord ?

— Oui. »

Après de brefs au revoir, on s'en va. Arrivées au rez-de-chaussée de l'hôpital, nous allons à la cafétéria. Lory commande pour nous pendant que maman et moi allons nous asseoir.

— Tenez ! dit Lory.
— Merci !

On se servit tout de suite avec maman. J'avais pris un muffin au chocolat tandis que les deux femmes qui m'accompagnaient prirent un café.

« Bon ! Ça va, toi, Colleen ?
— Hum. »

Maman souffle et passe un bras derrière mes épaules.

« Ça va aller, comme d'habitude !
— Mais oui, bien sûr ! me rassure Lory.
— Encore une opération, quoi… »

Moi, j'étais dépitée. Et une opération de plus !
Le lendemain, je vais en cours. On a déménagé depuis janvier et c'est dans la même cité que Clara. Donc je me lève, prends mon petit-déjeuner, vais m'habiller et me voilà en route vers

chez Clara. Avec mon amie, on va vers le bus. Donc tout en marchant vers l'arrêt de bus, je lui explique.

« Oh putain ! Je suis désolée ! Maintenant, est-ce que ça va se faire après le quinze juin ?

— J'ai demandé au chirurgien, l'opération est prévue le vingt-cinq juin.

— Oh super ! »

Je ris. Elle ne s'imagine pas la peur que j'ai, c'est dingue comme je flippe !

« Enfin, après, ce n'est pas cool que tu te fasses opérer éveillée. Je suis désolée, vraiment !

— T'inquiète pas, ce n'est pas grave.

— T'inquiète, on va voir pour le train, bientôt !

— En début du mois de mai, si possible ?

— Oui, ne t'inquiète pas ! »

On continua de parler tout en attendant le bus jusqu'à ce qu'il arrive.

En mai, on commande nos billets de train pour aller jusqu'à Reims. Je vais me changer les idées au moins. En juin, on part trois jours. Ce fut formidable ce petit séjour à Reims. Clara a tenté de faire une photo avec Orelsan, mais le garde du corps nous a empêchait. Bref, ce fut une soirée où j'étais au deuxième rang, et j'ai pu toucher Orelsan ! Je suis tellement émue de ce moment !

Maintenant, place à la réalité. On va à l'hôpital le vingt-quatre juin, accompagnés de ma maman et de son compagnon. Comme j'ai vécu les trois dernières opérations, on m'emmène en chambre et me donne mon bracelet d'hôpital. Je m'allonge dans le lit et l'infirmier passe prendre ma tension.

— Oh ! Petite tension !
— J'ai l'habitude de toute façon.
— D'accord, bien.

L'infirmière sort de la chambre et on attend… Quoi ? Je ne sais pas. Bref, j'ai mon repas du soir. Limite dégoûtée quoi… À ce moment, le compagnon prévient maman, qu'il faut rentrer. Donc ils s'en vont tous les deux. Le lendemain, ma mère ne sera pas là, elle travaille. Ce sera Lory et Marraine qui vont être présentes. Une opération, j'ai l'habitude. Mais éveillée ? Je ne sais pas du tout. Je ne sais pas du tout à quoi m'attendre.

Je ne dors pas, mais la nuit semble passer à une vitesse. Je suis réveillée par une aide-soignante qui est là pour me dire qu'il faut aller me laver avec la Bétadine. Me laver les cheveux avec la Bétadine. Franchement, j'en ai marre des opérations. Une fois lavée, je vais dans mon lit et attends. J'attends calmement. J'ai demandé à l'aide-soignante de laisser la porte ouverte, au cas où je vois quelqu'un venir dans ma chambre, au cas où je vois Lory ou marraine, je ne sais pas.

Puis huit heures et demie arrive et personnes. Personne n'est là sauf les brancardiers. Les larmes commencent à monter petit à petit. Juste avant de rentrer dans l'ascenseur, quelqu'un commence à crier :

« Attendez ! »

Je fronce les sourcils et regarde sur le côté. En effet, c'est ma sœur Lory qui est là ! Les larmes coulent tout en souriant chez moi. On se prend dans les bras et elle demande aux brancardiers si on peut attendre deux-trois minutes avant que mon autre sœur vienne. Ils soufflent tous les deux, mais acceptent tout de même. Tout de suite, marraine arrive et on se fait un câlin. Toutes les trois. Entre sœurs. C'est bien la première fois qu'on se câline comme ça.

Les brancardiers nous regardent et font semblant de tousser. Du coup, marraine et Lory se relève tout en me lâchant. Mes sœurs me font un dernier baiser sur le front. Puis il est l'heure pour moi. On rentre dans l'ascenseur et on descend jusqu'aux salles d'opération. Là, ils me laissent et j'attends. J'attends, et j'attends encore. Puis un infirmier vient me chercher et me voit stressée.

« Ça va miss ? me demande l'infirmier.
— Ça va.
— Sûre ?
— Stressée.
— Je peux te mettre de la musique pour te détendre. Tu veux ? »

Je commence à sourire et lui demande s'il veut, oui.

« Tu veux quoi ?
— Justin Bieber ?
— Oh ! On a une fan de Justin Bieber ! »

Je regarde autour de moi et plein de personnes sont là. Elles sont là pour pouvoir s'occuper de l'opération. Ils sont beaucoup plus que les opérations précédentes.

Pendant que l'infirmier, qui est venu me chercher, s'occupe de trouver une musique, je vois la neuropsychologue arriver avec la neuropsychologue que j'avais avant en pédiatrie. Elles me disent bonjour et je regarde au-dessus de moi, je vois l'anesthésiste en train de s'installer. Comme les opérations précédentes, il me dit de compter jusqu'à dix et pour finir je suis endormie à trois.

Quelques minutes plus tard, ou quelques heures, je me réveille. La tête ouverte, j'ai chaud, j'ai froid, j'ai la tête qui tourne. Je ne suis pas trop bien. Puis je regarde vers la droite, la neuropsychologue me dit de dire des mots pendant que le chirurgien est en train de trifouiller dans ma tête. Les larmes me montent aux yeux jusqu'à ce que je doive dire le mot « canard ». Je n'arrive pas à le dire. Les larmes coulent toutes seules.

« Canard ! »

J'essaye de le mimer avec mes lèvres, mais n'y arrive pas.

« Ce n'est pas grave, ne t'inquiète pas, me dit la neuropsychologue.
— C'est très bien ce que t'as fait !
— J'ai mal… On peut arrêter ? »

Le chirurgien, ayant entendu, me dit qu'il a bientôt fini. Qu'il fallait patienter encore quelques instants ! D'un coup, je fus endormie, mais pas complètement, car je me souviens être passée sous IRM.

Le lendemain, je vomis toute la morphine et comme d'habitude, on me change, etc. Cette fois, j'ai un drain ainsi qu'une poche au niveau du crâne.

Je ne sais plus exactement à quel jour, mais quand on enlève le drain plus la poche, l'infirmière est froide. Les larmes me montent aux yeux à force qu'elle tire.

« Tu dois avoir l'habitude qu'on te fasse ça. »

Sauf que retour à la première opération ; je ne savais plus parler. Après que le drain soit parti avec la poche, et que l'infirmière soit partie, je pleurais. Au même moment, mon papa rentre. Et il sortit la phrase de trop :

« Oh ? Tu pleures parce que je suis là ? »

Alors là, la colère fait son grand retour. Déjà, je ne pleure pas parce qu'il est présent.

« Fallait pas venir.
— Si. Après je vais à Primark avec les enfants de Sabine. Tu veux quelque chose ? »

La colère monte en flèche. Mais je ne dis rien parce que techniquement c'est impossible de dire quoi que ce soit après l'opération.

« Ok.
— À bientôt ma poule ! » furent les dernières paroles de mon père durant cette visite.

« Sabine attend en bas avec les enfants, j'y vais.
— OK. »

Quand j'ai raconté ça à maman et Lory, elles n'en revenaient pas. Elles étaient en colère aussi.

Le lendemain, il faisait chaud, très chaud dans les chambres et Clara était allée à Lille. En revenant, elle était passée par l'hôpital afin de me faire une petite visite surprise.

« Hey ! Comment tu vas ? »

Un sourire fit son apparition sur mes lèvres. À croire que maman était au courant. Elle est accompagnée d'une valise. Je fronce les sourcils et Clara me dit :

« On va voir Orelsan au cap d'Agde ? »

J'écarquille les yeux et me tourne vers maman.

« Clara a acheté une valise, mais j'ai mis la moitié avec elle. Tu pourras y aller seulement, je dis bien seulement, si tu vas bien, d'accord ?
— Merci beaucoup ! »

J'étire mes bras pour enlacer maman. Je l'aime, maman. Je l'aime fort. Même si en ce moment, mon père je sens qu'il nous abandonne, ses enfants. Qu'il préfère les enfants de Sabine, sa nouvelle compagne.

Quelques jours plus tard, je suis toujours à l'hôpital. Le mal de crâne se fait ressentir. Tellement mal qu'il faut fermer les persiennes. Les infirmières appellent le chirurgien, elles sont si inquiètes.

Reins arrive et me dit que je devrais faire une IRM. IRM que je ne ferais pas durant mon séjour.

Je sortis au bout de deux semaines. Mais une fois arrivée à l'appart, on me demande d'aller bien. Mais non, je ne vais pas bien. Je viens de me faire opérer éveillée, je ne sais pas parler correctement, j'ai des maux de crâne horrible. Non, franchement je ne vais pas bien ! On est le premier août ; je dois partir dans six jours pour aller au cap d'Agde. Je veux y aller, ça, c'est sûr, mais on m'interdit de sortir alors qu'il fait magnifiquement beau dehors !

Un jour, ma mère en eut marre et ouvrit ma porte de chambre. J'étais dans mon lit, bien au chaud, malgré la chaleur dehors. Maman vient s'asseoir au bord de mon lit et me demande si ça va.

« Oui, ça va. »

Je connais le regard dur de ma maman. C'est un regard qui veut dire qu'elle ne me croit pas du tout.

« Écoute, ma poule, je sais que ça ne va pas. Mais je t'en supplie, si tu veux y aller dans six jours, je te demande juste de bien aller, c'est compliqué ou pas ?

— Oui, c'est compliqué. Je fais que dormir, moi je veux sortir, mais je ne peux pas. Pourtant j'ai très envie d'y aller dans six jours !

— Je ne veux pas que tu attrapes quoi que ce soit ! Tu peux comprendre ça quand même ?

— Bien sûr, mais je ne me sens pas bien, maman.

— Je le sais, ma poule.

— Après, il ne faut pas oublier qu'il y a un peu plus d'un mois j'avais la tête ouverte alors que j'étais réveillée !

— Je le sais ça. »

Je vois maman réfléchir, puis souffle un bon coup.

« Allez, va t'habiller, et va sortir.

— Quoi ?

— Allez, va avant que je change d'avis ! »

Je cours me laver et m'habiller et sors de chez moi. Je suis tellement soulagée. Dans six jours, je vais voir Orelsan au cap d'Agde. Enfin, c'est en boîte de nuit, donc il va faire 2-3 chansons puis c'est tout, mais on va faire une semaine là-bas dans un hôtel où il y a une piscine extérieure. J'ai trop hâte !

On est le sept août, et arrivée au lieu de vacances, première chose que je fais, c'est aller dehors, en maillot de bain à la piscine, avec Clara. On vient de passer notre journée en train et clairement, on en peut plus !

Je viens d'avoir mon CAP commerce, alors c'est parfait ! L'année de septembre, avec Clara, on comptait faire un BAC Pro commerce et on serait toutes les deux en première. Hâte de commencer aussi. Quoi que…

Le mois de septembre, tout va bien, je m'accroche comme dirait maman. Mais au fil des mois, mes notes chutaient. J'étais terriblement mal à l'aise. Je ne comprends pas, l'année dernière j'étais première, j'avais les félicitations de tous les profs, et là, on me traite comme au collège, dernière de classe, avec des zéros. J'ai du mal. Jusqu'au jour où fut le jour de trop. Je cherchais un stage et je savais où aller ; Orchestra. Ce n'est pas loin en bus, c'est simple donc pourquoi pas ? Sauf que je n'avais pas expliqué pour ma maladie, ma petite ennemie, à ma tutrice.

J'ai passé une semaine au lieu de trois à ce stage. En effet, les horaires ne m'allaient pas du tout. Au lieu de faire trente-cinq heures par semaine, j'aurais dû en faire vingt. Du samedi, ma tutrice m'a demandé d'aller m'occuper des poussettes dans la réserve. J'étais crevée, les larmes me montaient aux yeux jusqu'à pleurer. J'en ai marre, j'appelle maman. Je n'en peux vraiment plus.

« Allô ?

— Maman, je t'en supplie, j'en peux plus, je suis épuisée ! dis-je en larmes.

— Je vais appeler le directeur du magasin, d'accord ?

— Non ! Je vais aller leur parler ! »

Je décide de sortir de la réserve et vais voir ma tutrice. Malheureusement, elle était occupée avec des clients. Je décide d'aller voir le directeur du magasin. Avec courage, je décide de tout lui dire. Et là, il me crie dessus comme jamais. Je cours tout de suite en direction de la salle de pause. Je récupère vite mes affaires et cours en dehors du magasin.

Là, mon père est là. Je fonds en larmes dans ses bras. Il me demande ce qu'il se passe, et je lui réponds en larmes.

« J'en peux plus, papa !

— Qu'est-ce qui se passe, ma poule ?

— Je fais des horaires de dingues, je voulais faire ma forte, mais j'y arrive pas ! »

De janvier à avril, ce fut horrible les cours. J'ai d'abord été convoquée chez le directeur avec ma mère. Jamais de mon frère ou de mes sœurs, n'ont été convoqué. Ce fut tellement moche la fin des cours. J'arrête les cours en avril tellement je n'y arrivais pas. Ma mère me conduit l'après-midi à l'hôpital psychiatrique. J'y vais durant deux semaines puis les appartements thérapeutiques. Ensuite, ça ne va plus trop avec maman. Je décide donc d'aller voir l'assistante sociale de l'hôpital. Après réflexion, je discute de ce que je veux exactement ; un appartement. Oui, c'est décidé. Je ne m'entends plus avec ma mère et son compagnon. J'ai l'impression que le compagnon de maman a coupé le lien de fusion entre moi et ma mère. Et moi, je ne suis pas trop d'accord avec ça.

Je fais les papiers en juin, j'envoie tout ça aux différents bailleurs. Au mois d'août, un bailleur m'appelle comme quoi un studio serait bientôt libre, en novembre. Donc, je fais la visite en septembre. Je fais la visite avec ma maman et son compagnon. Il me plaît, ce studio. Pour commencer, franchement c'est super.

En novembre, le cinq, j'emménage.

En 2020, le confinement arrive ! Étrangement, je suis bien toute seule. Je m'inquiète beaucoup pour mes parents. Ils ont eu l'habitude de s'occuper de nous, maintenant c'est à mon tour. Quand j'appelle maman, elle est avec son compagnon. Quand j'appelle papa, il est tout seul. Je l'appelle donc tous les soirs. Au fur et à mesure, je me sens seule. Au bout d'un moment, ça devient compliqué.

Peu après, c'est le bazar total chez moi donc on appelle les aides à domicile. D'abord, une agence, mais quand on remarque que la dame de ménage ne fait pas trop son boulot, on change d'agence. Et là, l'auxiliaire de vie est parfaite. En même temps, on contacte l'agence de maman pour m'aider pour me stimuler à me laver, tout comme manger le midi et le soir. Je rencontre Pascaline, une aide à domicile qui est présente et qui est devenue une amie, maintenant.

Entre-temps, je rencontre Maya ! Une adorable petite yorkshire de sept ans. C'est mon petit paradis, mon petit soleil !

Vers octobre ou novembre, Clara arrive avec son petit copain. Un ami à son copain est là et s'appelle Rémi. On sort ensemble. Ça y est, je pense que le cauchemar est parti sauf qu'en février 2021, je fais une IRM. Non, le cauchemar continue en fait !

D'un, j'ai quitté Rémi par peur de savoir la vérité, et de deux la tumeur a grossi.

En effet, quand je reviens de l'IRM, je suis seule. Et le radiologue, Docteur Roy, vient et m'annonce la nouvelle la plus terrible. Ma petite ennemie s'est réveillée. J'envoie un texto à ma mère. Chose que je n'aurais pas due, en effet, j'apprends qu'à cause de moi, à cause de ce texto, elle fait la fibromyalgie. Je m'en veux tellement de lui avoir envoyé ça par message. Là, on a rendez-vous avec un neurooncologue avec maman. Elle m'explique que c'est soit opération soit chimio plus rayons.

J'accepte tout de suite la chimio et les rayons. Je ne veux pas revivre cette affreuse opération. Elle m'explique tout ce qui a à savoir sur les rayons et la chimio. Elle m'en dit davantage sur la chimio puisque c'est elle qui va s'en occuper. Mais d'abord, je dois faire les rayons.

Je suis convoquée à l'hôpital Oscar Lambret, où je vais les faire. On rencontre la radiothérapeute avec ma sœur aînée. À ce moment, la professionnelle me dit carrément qu'il faut que je fasse cette opération.

« Je pense qu'il faudrait que vous fassiez cette opération. Des rayons, on ne peut en faire qu'une fois dans sa vie.

— Je ne veux pas faire d'opération. Je veux me soigner aux rayons et à la chimio.

— D'accord, alors vous perdrez vos cheveux d'ici trois semaines. Vous aurez 30 séances de radiothérapie. Bien sûr, toute la semaine. Sauf le week-end.

— OK.

— Vous êtes prête à affronter ça ?

— Oui. »

Une fois cela fait, on retourne voir l'oncologue. Là, elle nous explique tout ce qu'il y a à savoir sur la chimio. Elle dit que la chimio s'attaque à tout, mais quand je dis tout, c'est tout ! Que ce soit jusqu'au fait où je n'aurais peut-être jamais d'enfant. Là, je pleure. Mon rêve ultime était d'avoir un enfant, et là, les chances s'épuisent.

« Mais ne t'inquiète pas, l'hôpital Jeanne de Flandre est au courant pour ton cas ! Madame Simon, gynécologue, va bientôt t'envoyer une convocation pour faire une ponction ovocytaire. Il y a des chances que tu aies un enfant.

— Mais oui, ma poule, puis il y a plein d'autres chances d'avoir un enfant. N'est-ce pas docteur ?

— Bien sûr ! »

Quelques jours plus tard, on reçoit une convocation de l'hôpital Jeanne de Flandres. On a rendez-vous avec la gynécologue, Mme Simon. Une fois rencontrée, elle m'explique tout en détail. Le fait qu'on me retire quelques ovocytes, le fait d'être suivie juste après, etc.

Les larmes montent, mais je ne pleure pas. On me fait une échographie vaginale. Et là, ce fut trop douloureux. J'en pleure tellement c'est horrible.

On ressort et maman demande au gynécologue si ça a été. Le médecin secoue doucement la tête. Quand elle me voit, elle voit mes yeux rouges.

« Maman, je vais pas y arriver ! »

Et là, maman me prend dans ses bras. Je n'y arrive tout simplement pas, c'est très difficile.

« Bon ! On va te faire des piqûres tous les jours, d'accord ? Pour que tes ovaires, on puisse les voir, d'accord ?

— Oui, d'accord. »

Alors, c'est parti pour deux semaines de piqûre. En même temps, je vais aux rayons et je prends de la cortisone contre les maux de tête.

En effet, trois semaines plus tard, je n'ai plus de cheveux là où les rayons passent. Du coup, maman ne m'emmène pas très loin voir une perruquière. Je choisis une perruque mi-longue blonde.

Au bout de cette troisième semaine, je n'arrête pas de lâcher une main dans mes cheveux et de les perdre. Du coup, ma mère m'a fait la surprise de retourner chez la perruquière. J'ai vu une perruque un peu plus blonde où il faut mettre un bandeau au-dessus. J'adore et je remercie mille fois maman.

Les rayons s'arrêtent pour moi. J'en ai eu assez, je pense. Le premier juin, ponction d'ovocytes ! Je souffre moins que la première fois. Ensuite, chimiothérapie ! On m'installe d'abord un PAC ; c'est un port à cath posé au-dessus de mon sein droit.

C'est en ambulatoire, c'est-à-dire qu'on te met ton PAC et tu sors tout de suite après. Normalement, on est censé, quand on revient de l'opération, revenir en marchant. Eh bien, tellement que j'ai souffert, je suis revenu en fauteuil roulant. C'était assez drôle, quand même.

Puis la chimiothérapie a duré un an. En gros, c'était chez moi et à l'hôpital. Il y avait ma mère, mes sœurs, qui m'ont conduit puis une fois mon père. Ça s'est terminé en mai 2022. J'étais soulagée que ça soit fini !

Puis IRM pour savoir si toute mon ennemie est partie. Encore une fois, l'infirmier que j'aime bien est présent. Il me pique le bras pour l'injection et me demande d'aller dans la machine. Vingt-cinq minutes plus tard, j'en sors. Je rejoins ma mère dans la salle des familles et on est toutes les deux stressées. Mais le docteur Roy rentre tout sourire dans la pièce. Donc c'est bon, ç'a marché ?

« Bravo Colleen ! Ça a marché, il reste un tout petit liseré, mais c'est bon, dit-il en souriant. »

Je souris à ma mère qui, elle aussi, me sourit. Comme d'habitude, il nous dit qu'il va faire le compte-rendu et qu'on pourra partir quand ce sera bon. On le remercie et va en salle d'attente, afin d'attendre le fameux compte-rendu.

Maman me regarde en souriant.

« Alors ? Contente ?

— Oh oui, très !

— Tout ça, les rayons, la chimio, le gynéco, t'as pas fait ça pour rien !

— Oui. »

Je souris et la prends dans mes bras.

Tout ça pour dire que mon oligodendrogliome peut revenir n'importe quand. Au moindre stress ou que sais-je, il y a un risque.

Après avoir vu médecin, neurologue, neurochirurgien, psychiatre, psychologue, gynécologue, radiothérapeute, oncologue, sage-femme, radiologue, infirmière, etc., je me rends compte que j'en ai vu des spécialistes. Je ne sais pas pourquoi cette ennemie s'est invitée dans ma tête, mais je me dis que maintenant, il y a pire que moi. À force de voir les différents patients dans les chambres, je ne suis pas la pire. Loin de là. J'ai encore plein de choses à vivre ! Peut-être d'autres opérations, ou je ne sais pas, seul l'avenir nous le dira. Mais j'écris cette fin de livre avec le sourire. Car sans cette petite ennemie, la vie, pour moi, serait tout à fait normale.

« Hier était beau, aujourd'hui est magnifique
Et demain encore plus ! »

Conclusion

En octobre 2022, j'ai fait une tentative de suicide à cause de ma petite ennemie. En effet, je n'ai toujours pas assumé le fait que mon oligodendrogliome soit là. Même si ce n'est qu'un petit liseré, je ne supporte pas. En fait, je ne supporte pas la dernière opération, l'opération éveillée.

Maintenant, je vis chez mon père. J'attends après un appartement. Aujourd'hui, un ami m'a dit que j'étais la mieux placée pour savoir qu'on a qu'une vie. Et cet ami n'est pas le seul à me l'avoir dit. Comme maman, papa, mes deux sœurs, mon frère, ma meilleure amie, les infirmières qui viennent à la maison me ramener mon traitement, les médecins, tout le monde me le dit.

Actuellement, j'ai des problèmes de langage (mais qui se voient très peu !), des problèmes de mémoires, des problèmes de coordination au niveau des mains, difficulté à prendre mes médicaments, maux de tête, lenteur, une réserve ovarienne trop basse, manque de concentration, problème d'attention, etc.

Mais je pense que ça va aller, il n'y a pas de raisons.

Imprimé en Allemagne
Achevé d'imprimer en mai 2023
Dépôt légal : mai 2023

Pour

Le Lys Bleu Éditions
40, rue du Louvre
75001 Paris

Milton Keynes UK
Ingram Content Group UK Ltd.
UKHW040117021124
450424UK00005BC/800